Éditrice : Caty Bérubé

Directrice de production : Julie Doddridge

Chef d'équipe production éditoriale : Isabelle Roy
Chef d'équipe production graphique : Marie-Christine Langlois
Chef cuisinier : Richard Houde

Coordonnatrice à l'édition : Laurence Roy-Tétreault
Auteurs : Caty Bérubé, Richard Houde, Annie Lavoie et Raphaële St-Laurent Pelletier.
Réviseure : Andrée-Anne Murray
Recherchiste : Karyan Fortin-Therrien
Assistante à la production : Kim Tardif ·
Spécialiste en graphisme d'édition : Lise Lapierre
Conceptrices graphiques : Sonia Barbeau, Ariane Michaud-Gagnon,
Myriam Poulin, Claudia Renaud et Joëlle Renauld.
Spécialiste en traitement d'images et calibration photo : Yves Vaillancourt
Photographes : Sabrina Belzil et Rémy Germain.
Stylistes culinaires : Laurie Collin et Christine Morin.
Collaborateurs : Louise Bouchard, Marilou Cloutier, Martin Houde,
Lucie Lévesque-Pageau et Julie Morin.

Directeur de la distribution : Marcel Bernatchez
Distribution : Éditions Pratico-Pratiques et Messageries ADP.

Impression : TC Interglobe

Dépôt légal : 4e trimestre 2014
Bibliothèque et Archives nationales du Québec
Bibliothèque et Archives Canada
ISBN 978-2-89658-624-0

Gouvernement du Québec - Programme de crédit d'impôt pour l'édition de livres - Gestion SODEC

1685, boulevard Talbot, Québec (QC) G2N 0C6
Tél. : 418 877-0259
Sans frais : 1 866 882-0091
Téléc. : 418 780-1716
www.pratico-pratiques.com

Commentaires et suggestions : info@pratico-pratiques.com

Les plaisirs gourmands de Caty

Cuisine des Fêtes
du traditionnel au réinventé

P **Pratico pratiques**

Table des matières

8 Mes plaisirs gourmands

10 Cuisine des Fêtes sur mesure

14 Version traditionnelle

30 Pour une réception simple et chic

44 En mode *potluck*

64 Menu 100 % préparé à l'avance

78 Cocktail dînatoire

100 Repas festif pour gourmands gourmets

116 Recevoir pour le brunch

132 Soirée du jour de l'An

146 Bouchées sucrées à partager

162 Index des recettes

Mes plaisirs gourmands
Des Fêtes sans casse-tête

Le temps des Fêtes : quelle belle période !

Pour moi, ça a quelque chose de magique. Et chaque
année, je me remémore comment c'était bien d'être
un enfant pour profiter au maximum de ces festivités !

Depuis que je suis adulte, c'est toujours aussi magique,
mais l'insouciance de mon enfance s'est en partie envolée.
Avouons qu'il est difficile de rester zen quand on reçoit
toute la famille pour le souper de Noël ou du jour de l'An !
On ne veut rien oublier, on veut s'assurer que notre monde
est heureux, que tous ont bien mangé… et bien bu !

Le bonheur de vos invités vous préoccupe autant que moi
et vous aimeriez retrouver la belle insouciance des Noëls
de votre enfance ?

Ce livre *Les plaisirs gourmands de Caty* est l'outil qu'il
vous faut. Vous y retrouverez huit menus festifs prêts
à l'emploi. Tantôt traditionnels, tantôt plus actuels,
ils satisferont autant les nostalgiques qui ont envie de
retrouver le pain sandwich et la dinde de grand-maman
que les friands de canapés chics et de mets plus élaborés.
De la petite bouchée apéritive au dessert en passant par
l'entrée, le potage, la salade et le plat principal (toujours
bien accompagné !), rien n'a été oublié. Une recette de
cocktail vous est même proposée pour chacun d'eux !
Vous y trouverez entre autres des recettes pour un repas
de type *potluck* et pour un cocktail dînatoire, une section
complète de petites bouchées sucrées (miam !) et une
autre remplie de brunchs ainsi qu'une foule d'astuces
pour une réception réussie.

Je vous souhaite à tous un heureux temps des Fêtes…
sans casse-tête !

Cuisine des Fêtes sur mesure

Le temps des Fêtes, c'est l'occasion idéale pour mettre du bonheur plein la table ! On profite des rassemblements festifs pour s'adonner au plaisir de la bonne chère, sans manquer de cuisiner nos classiques préférés et d'explorer de nouveaux horizons culinaires. Cette période d'effervescence peut toutefois devenir stressante : recevoir est un mandat qui exige de l'organisation ! La solution : une formule sur mesure pour recevoir sans casse-tête.

Cocktail dînatoire, buffet alléchant, menu branché ou classique dinde ? Du repas traditionnel aux bouchées sucrées à partager, en passant par le repas du Nouvel An, les *potluck* et le brunch, avoir un menu complet, pensé selon chaque occasion, vous permettra de gagner de précieuses minutes et de ne pas dépenser inutilement votre énergie. Moins de temps passé à élaborer le menu, moins de stress avant le jour J... et plus de temps pour vous amuser !

Voici nos meilleurs conseils pour y arriver en toute simplicité.

Des astuces toutes simples pour une réception réussie

Les plateaux de petites bouchées se sont vidés en moins de deux, vous êtes débordé en cuisine et vos invités réclament une autre consommation? Voici quelques conseils pour gérer votre réception de main de maître!

- **Faire une liste de tout ce qu'il y a à faire et à acheter.** En identifiant ce qui doit être fait à l'avance ou à la dernière minute, on peut s'éviter de bien mauvaises surprises!

- **Prévoir la quantité de nourriture en fonction du nombre d'invités.** Mieux vaut en avoir un peu plus que pas assez!

- **S'informer sur les intolérances alimentaires et les régimes particuliers des convives.** Autrement, une belle soirée pourrait rapidement tourner au vinaigre.

- **Miser sur la variété.** Certains de vos invités ne raffolent pas du poisson ni des fruits de mer? Le secret pour plaire à tout le monde : varier les aliments, les textures et les saveurs.

- **S'assurer de posséder un nombre suffisant de plateaux et de plats de service.** Si vous recevez un grand nombre d'invités, vous pouvez acheter des assiettes en plastique ou en carton. On peut en trouver de très jolies avec des motifs et des couleurs variés.

- **Prévoir suffisamment de boisson.** On doit calculer environ quatre consommations par personne, sans oublier l'eau et quelques boissons non alcoolisées.

- **Prendre une longueur d'avance.** Au cours de la journée et la veille, préparez tout ce qui se cuisine à l'avance.

- **Libérer de l'espace dans le frigo.** Quelques jours avant la réception, éliminez tous les restes encombrants.

- **Penser aux enfants.** S'ils sont aussi de la partie, prévoir quelques collations pour les faire patienter si le repas est servi tard.

Liste d'épicerie

lait
Beurre
Oeufs
Bananes
Poulet
Farine
Fromage
Céleri
Tomates
Concombres
Champignons
Steak
Poivre
Café
Riz
Céréales
Barres tendres
Asperges

Psst! Prévoyez aussi des petits jus en boîte pour les enfants!

Le mot d'ordre : planification!

L'organisation est la clé pour diminuer le stress et mieux gérer les imprévus! Planifier votre menu à l'avance vous permettra d'échelonner les achats sur plusieurs semaines. Ainsi, vous pourrez profiter des rabais hebdomadaires et diminuer le budget total alloué à la réception. Pour vous y retrouver, faites une liste et rayez ce que vous avez acheté au fur et à mesure. Certains aliments périssables devront être achetés à la toute dernière minute, tandis que d'autres pourront être congelés : distinguez ces deux catégories sur la liste pour ne pas laisser d'oublis gâcher le jour J.

Une dinde parfaite!

Voici quelques aspects à prendre en considération pour que ce classique des Fêtes soit une réussite.

Le choix de la dinde

On distingue deux catégories de dinde, soit la catégorie A (inscrite dans une feuille d'érable rouge) et la catégorie Utilité (identifiée dans une feuille d'érable bleue). Laquelle est la meilleure? Les deux présentent un goût et une qualité équivalents, mais celle de la catégorie Utilité comporte quelques petits défauts esthétiques et est offerte à moindre coût. Notez également que les dindons de petite taille sont ceux qui présentent la chair la plus tendre.

La plupart des dindes sont vendues avec le cou, le gésier et le foie. Ces derniers étant insérés à l'intérieur de la cavité, il faut veiller à les retirer avant la cuisson. Plutôt que de les jeter, vous pouvez les utiliser pour faire un bon bouillon.

Selon le temps dont vous disposez, vous pouvez acheter une dinde fraîche ou une dinde surgelée. Dans ce dernier cas, prévoyez le temps de décongélation, car il s'avère long : au réfrigérateur, il faut compter environ cinq heures par 450 g (1 lb). On peut aussi opter pour une dinde de type «cuire congelée», qui passe directement du congélo au four.

Un autre choix peut également se présenter : opter pour une dinde vendue déjà assaisonnée ou saumurer la dinde soi-même. Une dinde préassaisonnée n'a pas besoin d'être arrosée pendant la cuisson et présente l'avantage d'être tendre après la cuisson. Si vous préférez faire la saumure à la maison, il est important d'opter pour une dinde nature, car celles qui sont vendues assaisonnées ont déjà une très forte teneur en sodium.

> Pour saumurer votre dindon, immergez-le dans l'eau froide additionnée de gros sel marin et des assaisonnements de votre choix, réfrigérez de 3 à 4 heures, puis rincez abondamment la volaille à l'eau froide : la chair sera moelleuse et bien juteuse après la cuisson !

La cuisson

L'allié parfait pour obtenir une cuisson parfaite : le thermomètre. Lorsque la dinde est prête, il devrait indiquer 74°C (165°F) pour la poitrine et 82°C (180°F) pour la cuisse. On compte environ 3 h 45 de cuisson pour une dinde de 5,5 kg (12 lb).

La cuisson est plus longue que prévu? Pour éviter de faire attendre vos convives, faites cuire votre dinde plus tôt, puis couvrez-la de papier d'aluminium et réservez-la dans un four chaud.

Des glaçons tout prêts !

Deux bacs à glaçons ne suffisent pas toujours pour alimenter les cocktails des convives pendant toute une soirée. La solution ? La veille d'une réception, prévoyez un récipient pour accumuler des glaçons au fur et à mesure qu'ils sont formés dans le bac à glaçons. Vous pourrez refaire des glaçons jusqu'à ce que vous ayez recueilli la quantité voulue et serez certain de ne pas en manquer !

Zoom sur le cocktail dînatoire

Vous attendez plusieurs invités ? Cette formule composée à 100 % de petites bouchées est idéale pour recevoir en mode relax et convivial. Pour la présentation, deux possibilités s'offrent à vous : les servir sur un plateau ou façon buffet. Pour que tout se déroule bien, optez pour des hors-d'œuvre simples et faciles à réaliser : il importe davantage d'obtenir un bon équilibre en variant les saveurs ainsi qu'en alternant les bouchées chaudes et froides. Combien de nourriture et de boissons prévoir pour vos convives ? Référez-vous au tableau ci-dessous.

Quoi servir	Nombre d'invités			
	de 8 à 10	de 10 à 15	de 15 à 20	de 20 à 25
Bouchées chaudes	de 2 à 3 variétés	3 variétés	3 variétés	4 variétés
Bouchées froides	de 2 à 3 variétés	3 variétés	3 variétés	4 variétés
Trempettes	2 variétés	2 variétés	2 variétés	3 variétés
Bouchées sucrées (desserts)	de 2 à 3 variétés			
Vin	de 4 à 5 bouteilles	de 5 à 7 bouteilles	de 7 à 10 bouteilles	de 10 à 12 bouteilles
Boissons non alcoolisées	de 3 à 4 variétés			

Le *potluck* : une formule gagnante !

L'idée de préparer un menu pour la famille au complet vous stresse ? Le *potluck* est LA solution pour simplifier une réunion en famille ou entre amis ! Si chacun apporte un plat à partager, vous passerez moins de temps aux fourneaux, éviterez de faire rougir votre compte en banque et aurez moins de pression sur les épaules. Apaisant, non ?

Déjeuner express

Certains de vos convives restent dormir chez vous ? Pour éviter, une fois de plus, de passer un temps considérable derrière les fourneaux, optez pour une raclette-déjeuner ! Il suffit de couper vos aliments à l'avance, puis de les réserver au réfrigérateur jusqu'au repas. Vous pourrez ainsi dormir sur vos deux oreilles et nourrir tout le monde avec un minimum d'efforts.

Menu

Cocktail
- Vin chaud épicé

Bouchées et entrées
- Trio de bouchées
- Salade de saumon fumé
- Soupe à la dinde et au riz

Plats principaux
- Dinde farcie, sauce au vin blanc
- Mini-pâtés à la viande

Accompagnements
- Aspic aux canneberges et oranges
- Carottes et haricots bardés
- Ketchup aux fruits et poivron
- Pommes de terre en purée persillée

Dessert
- Bûche de Noël choco-érable

Version traditionnelle

Vin chaud épicé

Dans une grande casserole, porter à ébullition 750 ml
(1 bouteille) de vin rouge corsé avec 375 ml (1 ½ tasse) de jus
d'orange, 125 ml (½ tasse) de cassonade, 1 orange entière
tranchée finement, 3 bâtons de cannelle, 3 tranches fines
de gingembre, 3 anis étoilés, 5 ml (1 c. à thé) de vanille
(ou 1 gousse de vanille) et 80 ml (⅓ de tasse) de liqueur
d'agrumes (de type Grand Marnier). Laisser mijoter
15 minutes. Donne 8 portions.

Champignons farcis

Préparation : 15 minutes
Cuisson : 15 minutes
Quantité : 16 champignons

250 ml	(1 tasse) de chair de crabe égouttée
60 ml	(¼ de tasse) de crème sure
15 ml	(1 c. à soupe) d'échalotes sèches hachées
15 ml	(1 c. à soupe) de ciboulette hachée
1	citron (jus)
30 ml	(2 c. à soupe) d'amandes concassées
	Sel et poivre au goût
16	champignons blancs
125 ml	(½ tasse) de fromage suisse râpé

—

1. Préchauffer le four à 190 °C (375 °F).

2. Dans un bol, mélanger la chair de crabe avec la crème sure, les échalotes, la ciboulette, le jus de citron et les amandes. Saler et poivrer.

3. Retirer le pied des champignons. Farcir les chapeaux des champignons avec la préparation au crabe, puis couvrir de fromage suisse. Déposer sur une plaque de cuisson tapissée de papier parchemin.

4. Cuire au four 15 minutes.

—

Poivrons au chèvre

Préparation : 8 minutes
Quantité : 8 portions

16	mini-poivrons
500 g	de fromage de chèvre crémeux
30 ml	(2 c. à soupe) d'aneth haché
	Sel et poivre au goût

—

1. Couper les mini-poivrons en deux sur la longueur, puis les épépiner.

2. Dans le contenant du robot culinaire, mélanger le fromage de chèvre avec l'aneth, le sel et le poivre.

3. À l'aide d'une poche à pâtisserie munie d'une douille cannelée, farcir les demi-poivrons avec la préparation.

4. Si désiré, déposer les poivrons sur une plaque de cuisson tapissée de papier parchemin et faire griller de 2 à 3 minutes à la position « gril » (*broil*).

—

Tomates niçoises

Préparation : 10 minutes
Quantité : 8 portions

16	grosses tomates raisins
2	courgettes
1	oignon
1	poivron
30 ml	(2 c. à soupe) de basilic haché
30 ml	(2 c. à soupe) d'huile d'olive
	Sel et poivre au goût

—

1. Couper les tomates en deux, puis en retirer les pépins.

2. Tailler les courgettes, l'oignon et le poivron en dés.

3. Dans un bol, mélanger les dés de légumes avec le basilic et l'huile d'olive. Saler et poivrer.

4. Garnir chaque demi-tomate de la préparation.

—

Salade de saumon fumé

Préparation : 15 minutes — **Quantité :** 8 portions

24	tranches de saumon fumé
16	tranches de pain grillées

Pour le fromage aux fines herbes :

2	paquets de fromage à la crème de 250 g chacun
15 ml	(1 c. à soupe) de basilic haché
15 ml	(1 c. à soupe) de ciboulette hachée
15 ml	(1 c. à soupe) d'aneth haché
10 ml	(2 c. à thé) de câpres
1	citron (jus)

Pour la salade :

60 ml	(¼ de tasse) d'huile d'olive
30 ml	(2 c. à soupe) de vinaigre balsamique
30 ml	(2 c. à soupe) d'amandes concassées
30 ml	(2 c. à soupe) d'échalotes sèches hachées
	Sel et poivre au goût
1	contenant de mesclun de 454 g

—

1. Dans le contenant du robot culinaire, mélanger le fromage à la crème avec les fines herbes, les câpres et le jus de citron.

2. Dans un bol, mélanger l'huile avec le vinaigre balsamique, les amandes, les échalotes sèches et l'assaisonnement.

3. Ajouter le mesclun en remuant délicatement.

4. Répartir la salade dans les assiettes. Garnir chacune des portions de 3 tranches de saumon fumé.

5. Tartiner le pain grillé avec le fromage aux fines herbes et servir avec la salade.

—

LE SAVIEZ-VOUS?

—

Les valeurs nutritives des saumons frais et fumé

Le saumon fumé constitue une excellente source d'oméga-3, de vitamines B12 et D ainsi que de protéines. Par contre, il contient plus de gras et de sodium que le saumon frais. En effet, une portion de 75 g de saumon fumé procure environ 225 mg de sodium et 5 g de gras contre 64 mg de sodium et 3 g de gras pour le saumon frais. Mais avec tous les bienfaits du saumon fumé, il n'y a aucune raison de s'en priver !

Soupe à la dinde et au riz

Préparation : 30 minutes — **Cuisson :** 1 heure 30 minutes — **Quantité :** 8 portions

15 ml	(1 c. à soupe) de beurre
30 ml	(2 c. à soupe) d'huile d'olive
2	oignons taillés en dés
1	cuisse de dinde ou 2 cuisses de poulet avec os
30 ml	(2 c. à soupe) d'herbes salées
1,5 litre	(6 tasses) de bouillon de poulet
3	carottes
2	branches de céleri
2	oignons verts
	Quelques tiges de thym
	Quelques tiges de persil
180 ml	(¾ de tasse) de riz blanc à grains longs
1	boîte de tomates en dés de 540 ml
250 ml	(1 tasse) de jus de tomate
	Sel et poivre au goût

—

1. Dans une casserole, chauffer le beurre et l'huile à feu moyen. Faire dorer ½ oignon.

2. Faire dorer la cuisse de dinde ou les cuisses de poulet 5 minutes de chaque côté.

3. Ajouter les herbes salées et le bouillon de poulet. Couvrir et laisser mijoter 1 heure à feu doux.

4. Pendant ce temps, tailler les carottes et le céleri en dés. Hacher les oignons verts.

5. Une fois l'heure de cuisson écoulée, ajouter les légumes et les fines herbes dans la casserole. Poursuivre la cuisson 10 minutes.

6. Ajouter le riz, les tomates et le jus de tomate. Assaisonner. Cuire 20 minutes à feu doux.

7. Retirer les cuisses de poulet de la casserole. Désosser, puis couper la chair en cubes. Remettre dans la soupe. Si la soupe est trop épaisse, ajouter du bouillon de poulet.

—

J'aime parce que...

C'est bon pour la ligne

En plus d'être réconfortantes, les soupes peuvent donner un petit coup de pouce pour garder la ligne : en dégustant un bon bol de soupe au début d'un repas, on atteint notre seuil de satiété plus rapidement. Une partie de la faim étant comblée, on peut réduire la portion du plat principal de près de 20 %.

Recette de Jeanne Ouellet

Dinde farcie

Préparation: 15 minutes
Cuisson: 2 heures 30 minutes
Quantité: de 8 à 10 portions

1	dinde de 4 kg (environ 8 ¾ lb)
125 ml	(½ tasse) de beurre ramolli
	Sel et poivre au goût
2	carottes coupées en cubes
1	oignon haché
4	gousses d'ail
1	tige de thym
1	feuille de laurier
125 ml	(½ tasse) de vin blanc
250 ml	(1 tasse) de bouillon de poulet

—

1. Préchauffer le four à 180°C (350°F).

2. Si nécessaire, vider la dinde.

3. Dans un bol, mélanger le beurre avec le sel et le poivre. Badigeonner généreusement l'intérieur et l'extérieur de la dinde avec le mélange.

4. Envelopper les extrémités des pattes dans du papier d'aluminium.

5. Farcir la dinde (voir recette ci-contre). Replier la peau de la dinde sur l'ouverture afin d'empêcher la farce de déborder en cours de cuisson.

6. Déposer la dinde dans un plat de cuisson. Répartir les carottes, l'oignon, l'ail et les fines herbes autour de la dinde. Verser le vin blanc et le bouillon.

7. Cuire au four de 2 heures 30 minutes à 3 heures en arrosant souvent la dinde pendant la cuisson. Dès que la dinde commence à dorer, couvrir le plat de papier d'aluminium, puis retirer la feuille pour les 15 dernières minutes de cuisson.

—

Farce au porc et fines herbes

Préparation: 15 minutes
Quantité: pour 1 dinde de 4 kg (environ 8 ¾ lb)

4	tranches de pain
125 ml	(½ tasse) de crème à cuisson 35 %
2	œufs
450 g	(1 lb) de porc haché
1	oignon haché
15 ml	(1 c. à soupe) d'ail haché
15 ml	(1 c. à soupe) de thym haché
10 ml	(2 c. à thé) de romarin haché
1	feuille de laurier
30 ml	(2 c. à soupe) de persil haché
	Sel et poivre entier au goût
250 g	(environ ½ lb) de foie de volaille
125 ml	(½ tasse) de vin blanc

—

1. Retirer les croûtes des tranches de pain. Déposer la mie dans un bol et verser la crème. Laisser la mie s'imbiber, puis mélanger afin d'obtenir une pâte.

2. Incorporer les œufs, le porc haché, l'oignon, l'ail et les fines herbes. Saler et poivrer.

3. Dans le contenant du robot culinaire, mélanger le foie de volaille avec le vin blanc. Incorporer à la première préparation.

—

Sauce au vin blanc

Préparation: 10 minutes
Cuisson: 10 minutes
Quantité: pour 1 dinde de 4 kg (environ 8 ¾ lb)

15 ml	(1 c. à soupe) de beurre
1	carotte coupée en petits cubes
1	oignon haché
1	casseau de champignons de 227 g, émincés
5 ml	(1 c. à thé) d'ail haché
125 ml	(½ tasse) de vin blanc
15 ml	(1 c. à soupe) de fécule de maïs
30 ml	(2 c. à soupe) d'eau froide
	Sel et poivre au goût

—

1. Une fois la cuisson de la dinde terminée, retirer la dinde du plat, puis filtrer le jus de cuisson.

2. Dans une casserole, faire fondre le beurre à feu moyen. Faire revenir les légumes de 2 à 3 minutes.

3. Ajouter l'ail et cuire 5 minutes.

4. Verser le vin blanc et le jus de cuisson. Laisser mijoter jusqu'à ce que le liquide ait réduit du quart.

5. Délayer la fécule de maïs dans l'eau froide, puis incorporer à la sauce. Porter à ébullition, puis assaisonner.

6. Filtrer la sauce avant de servir.

—

Pommes de terre en purée persillée

Préparation : 10 minutes
Cuisson : 15 minutes
Quantité : 8 portions

1 kg	(environ 2 ¼ lb) de pommes de terre
	Sel au goût
500 ml	(2 tasses) de lait
60 ml	(¼ de tasse) de beurre
	Muscade au goût
45 ml	(3 c. à soupe) de persil haché

—

1. Peler, puis tailler les pommes de terre en cubes.

2. Déposer dans une casserole et couvrir d'eau froide. Saler. Porter à ébullition, puis cuire jusqu'à tendreté. Égoutter.

3. Dans une casserole, porter à ébullition le lait avec le beurre.

4. Réduire les pommes de terre en purée avec le lait chaud. Incorporer la muscade et le persil.

—

Carottes et haricots bardés

Préparation : 10 minutes
Cuisson : 15 minutes
Quantité : 8 portions

24	carottes nantaises
450 g	(1 lb) de haricots verts
16	tranches de bacon
	Sel et poivre au goût

—

1. Préchauffer le four à 205 °C (400 °F).

2. Peler les carottes. Équeuter les haricots.

3. Dans une casserole d'eau bouillante salée, cuire les légumes 3 minutes à feu élevé. Égoutter et refroidir sous l'eau froide. Égoutter de nouveau.

4. Enrouler environ 10 haricots dans 1 tranche de bacon. Répéter avec le reste des haricots.

5. Enrouler 3 carottes dans 1 tranche de bacon. Répéter avec le reste des carottes.

6. Déposer les légumes sur une plaque de cuisson. Saler et poivrer.

7. Cuire au four de 8 à 10 minutes.

—

Aspic aux canneberges et oranges

Préparation : 10 minutes
Cuisson : 8 minutes
Réfrigération : 4 heures
Quantité : 500 ml (2 tasses)

1	sachet de gélatine sans saveur de 7 g
60 ml	(¼ de tasse) d'eau froide
500 ml	(2 tasses) de canneberges
4	oranges (jus)
2	citrons (jus)
125 ml	(½ tasse) de sucre
	Sel et poivre au goût

—

1. Faire gonfler la gélatine dans l'eau froide.

2. Dans une casserole, cuire les canneberges avec le jus des oranges, le jus des citrons et le sucre de 8 à 10 minutes, jusqu'à ce que les canneberges éclatent. Saler et poivrer.

3. Incorporer la gélatine.

4. Verser la préparation dans un moule et laisser figer au frais au minimum 4 heures.

5. Au moment de servir, démouler.

—

Mini-pâtés à la viande

Préparation : 25 minutes — **Cuisson :** 1 heure — **Quantité :** 12 mini-pâtés

500 ml	(2 tasses) de bouillon de poulet
4	oignons hachés
4	branches de céleri hachées
500 ml	(2 tasses) de champignons émincés
30 ml	(2 c. à soupe) d'ail haché
10 ml	(2 c. à thé) de mélange chinois cinq épices
755 g	(1 ⅔ lb) de veau haché
755 g	(1 ⅔ lb) de porc haché
	Sel et poivre au goût
90 ml	(6 c. à soupe) de flocons d'avoine
125 ml	(½ tasse) de persil haché

Pour la pâte :

30 ml	(2 c. à soupe) d'huile de canola
1 kg	(environ 2 ¼ lb) de pâte brisée
2	jaunes d'œufs

—

1. Dans une casserole, porter à ébullition le bouillon avec les oignons, le céleri, les champignons et l'ail.

2. Ajouter les épices et les viandes hachées. Assaisonner. Poursuivre la cuisson en égrainant la viande à l'aide d'une cuillère de bois. Laisser mijoter de 25 à 35 minutes à feu doux.

3. Incorporer les flocons d'avoine et le persil. Poursuivre la cuisson 5 minutes. Laisser tiédir.

4. Préchauffer le four à 180°C (350°F). Huiler les 12 alvéoles d'un moule à gros muffins.

5. Diviser la pâte en deux et en abaisser une moitié. Dans cette abaisse, tailler 12 cercles de la dimension des alvéoles du moule à muffins. Déposer les cercles de pâte dans les alvéoles et garnir de la préparation à la viande.

6. Abaisser le reste de la pâte, puis y tailler 12 cercles.

7. Humecter d'eau le rebord de la pâte contenant la viande, puis couvrir avec les petits cercles. Presser afin de sceller les deux pâtes ensemble. Inciser le dessus des pâtés, puis les badigeonner avec les jaunes d'œufs battus.

8. Cuire au four de 30 à 45 minutes, jusqu'à ce que la pâte soit dorée.

Ketchup aux fruits et poivron

Préparation : 30 minutes — **Cuisson :** 1 heure 15 minutes — **Quantité :** 1 litre (4 tasses)

2	pêches pelées
2	poires pelées
4	tomates pelées et épépinées
2	branches de céleri
2	oignons
1	poivron rouge
125 ml	(½ tasse) d'eau
5 ml	(1 c. à thé) de graines de moutarde
5 ml	(1 c. à thé) de paprika
375 ml	(1 ½ tasse) de vinaigre de cidre
250 ml	(1 tasse) de cassonade
	Sel et poivre du moulin au goût

—

1. Couper les fruits et les légumes en dés.

2. Dans une casserole, déposer les dés de fruits et de légumes. Ajouter l'eau, les graines de moutarde et le paprika. Porter à ébullition, puis laisser mijoter de 15 à 20 minutes à feu doux.

3. Incorporer le reste des ingrédients et laisser mijoter 1 heure à feu doux, en remuant de temps à autre. Retirer du feu.

4. Verser dans des bocaux stérilisés et sceller. Laisser tiédir et réserver au frais.

—

Bûche de Noël choco-érable

Préparation : 25 minutes — **Cuisson :** 8 minutes — **Réfrigération :** 3 heures — **Quantité :** 8 portions

250 ml	(1 tasse) de sucre
125 ml	(½ tasse) de beurre ramolli
4	gros œufs
250 ml	(1 tasse) de farine
5 ml	(1 c. à thé) de poudre à pâte
60 ml	(¼ de tasse) d'eau chaude
2 à 3	gouttes de vanille

Pour la ganache :

170 g	de chocolat mi-sucré
125 ml	(½ tasse) de sirop d'érable
125 ml	(½ tasse) de beurre ramolli

Pour décorer :

Copeaux de chocolat au lait

Copeaux de chocolat blanc

—

1. Préchauffer le four à 205 °C (400 °F).

2. À l'aide du batteur électrique, fouetter le sucre avec le beurre et les œufs jusqu'à ce que le mélange pâlisse.

3. Incorporer la farine, la poudre à pâte, l'eau chaude et la vanille. Mélanger 1 minute, jusqu'à l'obtention d'une pâte onctueuse et homogène.

4. Sur une plaque de cuisson tapissée d'une feuille de papier parchemin, étaler uniformément la pâte.

5. Cuire au four de 8 à 12 minutes.

6. Retirer du four et laisser tiédir sur un linge quelques minutes avec le papier parchemin. Rouler le gâteau avec le papier parchemin, puis couvrir d'un linge humide. Laisser refroidir complètement.

7. Pendant ce temps, faire fondre le chocolat dans un bain-marie ou au micro-ondes. Déposer dans un bol et mélanger avec le sirop d'érable et le beurre.

8. Dérouler le gâteau. Étaler la moitié de la ganache sur le gâteau. Rouler à nouveau le gâteau en retirant la feuille de papier parchemin. Réfrigérer de 2 à 3 heures.

9. Glacer le dessus du gâteau avec le reste de la ganache. Décorer avec les copeaux de chocolat.

—

Menu

Cocktail
• Cosmopolitan

Bouchées et entrées
• Duo de mini-brochettes antipasto
• Étagé de saumon fumé et de blinis
• Potage parmentier, garniture grenade et chèvre

Plat principal
• Saumon et salsa chaude d'avocat
• Salade d'épinards aux kiwis

Fromage
• Fromage bleu mariné au porto

Dessert
• Gâteau roulé en verrines

Pour une réception simple et chic

Cosmopolitan

Dans un *shaker* rempli de glaçons, mélanger 45 ml (3 c. à soupe) de vodka avec 5 ml (1 c. à thé) de liqueur d'agrumes, 20 ml (4 c. à thé) de jus de canneberge et le jus de 2 quartiers de lime. Agiter vivement de 8 à 10 secondes. Filtrer le contenu du *shaker* dans un verre à l'aide d'une passoire à glaçons. Décorer avec 1 tige de romarin et des canneberges. Donne 1 portion.

Duo de mini-brochettes antipasto

Préparation : 25 minutes — **Quantité :** 24 mini-brochettes

Pour les brochettes :

12	tortellinis aux trois fromages
6	tomates cerises jaunes
6	tomates cerises rouges
12	tranches de chorizo
24	feuilles de basilic
12	bocconcinis cocktail
12	tranches de salami

Pour l'huile parfumée :

60 ml	(¼ de tasse) d'huile d'olive
30 ml	(2 c. à soupe) de ciboulette hachée
15 ml	(1 c. à soupe) de jus de citron
5 ml	(1 c. à thé) de piment d'Espelette
	Sel au goût

—

1. Dans une casserole d'eau bouillante salée, cuire les tortellinis *al dente*. Rafraîchir sous l'eau froide. Égoutter.

2. Dans un bol, mélanger les ingrédients de l'huile parfumée.

3. Couper en deux les tomates jaunes et les tomates rouges.

4. Assembler 12 petites brochettes en piquant sur chacune d'elles une demi-tomate jaune, une tranche de chorizo, une feuille de basilic et un bocconcini.

5. Assembler 12 autres petites brochettes en piquant sur chacune d'elles un tortellini, une tranche de salami, une feuille de basilic et une demi-tomate rouge. Napper les brochettes d'huile parfumée.

—

LE SAVIEZ-VOUS ?
—

Quoi faire avec les bocconcinis

Les bocconcinis sont de délicates sphères de mozzarella à la pâte souple. Si leur goût n'est pas a priori particulièrement prononcé, les bocconcinis dévoilent toute leur saveur sitôt qu'on les assaisonne. Un filet d'huile d'olive et quelques cristaux de fleur de sel suffisent pour rehausser leur goût. Offerts en plusieurs formats, ils permettent de créer une foule de bouchées pour l'apéro : en brochettes avec des tomates cerises, sur des croûtons chauds, en verrines avec des légumes antipasto, etc.

Étagé de saumon fumé et de blinis

Préparation : 25 minutes — **Cuisson :** 8 minutes — **Quantité :** 4 portions

2	paquets de saumon fumé de 120 g chacun
1	paquet de fromage à la crème de 250 g, ramolli
80 ml	(⅓ de tasse) de crème sure
15 ml	(1 c. à soupe) de zestes de citron
45 ml	(3 c. à soupe) d'aneth haché
	Sel et poivre au goût
	Quelques brins d'aneth ou de feuilles de cerfeuil
60 ml	(¼ de tasse) de grains de grenade

Pour les blinis :

250 ml	(1 tasse) de farine
2,5 ml	(½ c. à thé) de poudre à pâte
2,5 ml	(½ c. à thé) de sucre
1,25 ml	(¼ de c. à thé) de sel
2	petits œufs
250 ml	(1 tasse) de lait
5 ml	(1 c. à thé) de piment d'Espelette
30 ml	(2 c. à soupe) de beurre

1. Préparer les blinis. Dans un bol, mélanger les ingrédients secs. Dans un autre bol, fouetter les œufs avec le lait et le piment d'Espelette. Incorporer aux ingrédients secs et remuer jusqu'à l'obtention d'une pâte lisse.

2. Dans une poêle, faire fondre le beurre à feu doux-moyen. Verser environ 45 ml (3 c. à soupe) de pâte par blini dans la poêle et cuire de 1 à 2 minutes de chaque côté. Retirer de la poêle et laisser tiédir. Répéter afin d'obtenir 8 blinis.

3. Couper environ le tiers du saumon fumé en dés.

4. Dans le contenant du robot culinaire, mélanger le fromage à la crème avec la crème sure, les zestes de citron, l'aneth et l'assaisonnement. Transférer dans un bol et incorporer les dés de saumon fumé.

5. Répartir la moitié de la mousse sur la moitié des blinis. Couvrir avec les autres blinis. Étaler le reste de la mousse sur les blinis et garnir de tranches de saumon fumé.

6. Décorer avec l'aneth et les grains de grenade.

—

J'aime aussi... Les blinis du commerce

Si vous manquez de temps pour concocter vos blinis, vous pouvez vous en procurer à l'épicerie. Vous ne trouvez que des mini-blinis ? Vous pouvez simplement servir deux étagés par personne. Avec des blinis prêts à utiliser, vous gagnerez de précieuses minutes en cuisine !

Potage parmentier, garniture grenade et chèvre

Préparation : 20 minutes — **Cuisson :** 25 minutes — **Quantité :** 8 portions

45 ml	(3 c. à soupe) de beurre
1	oignon haché
2	blancs de poireaux émincés
8	pommes de terre pelées et coupées en cubes
2,5 litres	(10 tasses) de bouillon de poulet
180 ml	(¾ de tasse) de crème à cuisson 15 %
	Sel et poivre au goût

Pour la garniture :

250 ml	(1 tasse) de grains de grenade
80 ml	(⅓ de tasse) de noisettes concassées
100 g	de fromage de chèvre émietté
	Quelques feuilles de persil

—

1. Dans une casserole, faire fondre le beurre à feu moyen. Cuire l'oignon et les poireaux de 1 à 2 minutes.

2. Ajouter les pommes de terre et le bouillon. Porter à ébullition et laisser mijoter 25 minutes à feu doux-moyen.

3. Dans un bol, mélanger les ingrédients de la garniture.

4. Dans le contenant du mélangeur, émulsionner la préparation aux pommes de terre jusqu'à l'obtention d'un mélange lisse et onctueux. Ajouter la crème. Remettre dans la casserole et réchauffer quelques minutes. Saler et poivrer.

5. Au moment de servir, déposer une cuillère de garniture dans chaque bol.

—

J'aime parce que...

Ça se prépare à l'avance

Ce potage peut se préparer jusqu'à 1 mois avant le service. Pour ce faire, il faut suivre les étapes 1 et 2 et émulsionner le potage sans la crème jusqu'à l'obtention d'un mélange lisse, puis le congeler dans un contenant hermétique. On laisse le potage décongeler au réfrigérateur la veille et, juste avant de servir, on le réchauffe en prenant soin d'ajouter la crème et de suivre les étapes 3 et 5.

Saumon et salsa chaude d'avocat

Préparation : 20 minutes — **Cuisson :** 5 minutes — **Quantité :** 4 portions

15 ml	(1 c. à soupe) d'huile d'olive
4	pavés de saumon d'environ 2,5 cm (1 po) d'épaisseur, la peau enlevée
	Sel et poivre au goût

Pour la salsa :

½	petit oignon rouge
½	poivron rouge
1	avocat pas trop mûr
45 ml	(3 c. à soupe) d'huile d'olive
	Sel et poivre au goût

—

1. Si désiré, préparer la purée de pommes de terre aux poireaux (voir recette ci-dessous). Réserver au chaud.

2. Tailler l'oignon rouge, le poivron et l'avocat en dés.

3. Dans une autre poêle, chauffer l'huile à feu moyen. Chauffer les dés d'oignon rouge, de poivron et d'avocat 1 minute. Assaisonner.

4. Dans une poêle, chauffer l'huile à feu moyen. Déposer les filets de saumon de manière à ce que le dessous (le moins beau côté) soit dessus. Saisir les filets 1 minute à feu moyen, d'un seul côté. Assaisonner. Cuire 4 minutes à feu doux, sans retourner les filets (calculer environ 2 minutes par 1,25 cm – environ ½ po d'épaisseur).

5. Servir la salsa avec le saumon.

—

J'aime avec...

Purée de pommes de terre aux poireaux

Peler et couper en cubes de 4 à 5 pommes de terre (Russet, Idaho, Yukon Gold…). Déposer dans une casserole d'eau froide salée. Porter à ébullition et cuire 15 minutes. Égoutter. Dans une poêle, faire fondre 45 ml (3 c. à soupe) de beurre à feu doux-moyen. Cuire 375 ml (1 ½ tasse) de poireaux émincés de 8 à 10 minutes. Saler et poivrer. Réduire les pommes de terre en purée avec 80 ml (⅓ de tasse) de lait chaud. Incorporer les poireaux cuits.

Salade d'épinards aux kiwis

Préparation : 15 minutes — **Quantité :** 4 portions

4	kiwis
60 ml	(¼ de tasse) d'huile d'olive
30 ml	(2 c. à soupe) de miel
15 ml	(1 c. à soupe) de jus de citron
	Sel et poivre au goût
1	contenant de bébés épinards de 142 g
1	petit oignon rouge émincé
60 ml	(¼ de tasse) de noix de cajou

—

1. Peler, puis couper les kiwis en rondelles.

2. Dans un saladier, fouetter l'huile avec le miel et le jus de citron. Saler et poivrer.

3. Ajouter les bébés épinards, l'oignon rouge, les noix de cajou et les kiwis dans le saladier. Remuer.

—

Fromage bleu mariné au porto

Préparation : 10 minutes — **Marinage :** 24 heures — **Quantité :** 4 portions

250 g	de fromage à pâte persillée au choix
1	tige de thym
1	tige de romarin
	Poivre entier au goût
250 ml	(1 tasse) de porto rouge
½	baguette de pain
—	

1. Déposer le fromage dans un contenant hermétique. Ajouter le thym, le romarin et le poivre. Couvrir de porto et fermer hermétiquement le contenant.

2. Laisser mariner 24 heures.

3. Au moment de servir, trancher finement la baguette et servir avec le fromage.

—

Gâteau roulé en verrines

Préparation : 15 minutes — **Quantité** : 4 portions

4   gâteaux roulés suisses à
     la confiture de framboises

4   contenants de pouding
     à la vanille de 99 g chacun

250 ml   (1 tasse) de bleuets

250 ml   (1 tasse) de framboises

125 ml   (½ tasse) de coulis
         de framboises

—

1. Couper chacun des roulés en quatre tranches.

2. Au fond de chacune des verrines, déposer environ 30 ml (2 c. à soupe) de pouding à la vanille. Ajouter quatre tranches de roulé et les appuyer contre la paroi de la verrine. Au centre des tranches de roulé, ajouter un peu de pouding et répartir environ le tiers des fruits.

3. Verser le reste du pouding dans les verrines, puis ajouter le reste des fruits. Réfrigérer.

4. Au moment de servir, répartir le coulis dans les verrines.

—

J'aime avec...

Décorations en caramel

Dans une casserole, chauffer à feu moyen 60 ml (¼ de tasse) d'eau avec 125 ml (½ tasse) de sucre, jusqu'à ce que la préparation prenne une couleur ambrée. Retirer du feu. Tapisser une plaque de cuisson d'une feuille de papier parchemin. Tremper une fourchette dans le caramel et la secouer au-dessus de la plaque afin de former des fils de caramel. Laisser tiédir.

Menu

Cocktail
- Punch à la grenade

Bouchées et entrées
- Antipasti au saucisson calabrese
- Crostinis aux tomates et olives
- Mini-galettes de pommes de terre et prosciutto
- Pizzas apéritives à l'italienne

Plats principaux
- Bœuf aux légumes d'antan
- Bouchées de porc, trempette au basilic
- Cipaille du Bas-du-Fleuve
- Pain sandwich aux trois garnitures
- Roue suisse au jambon
- Salade d'amour
- Salade de macaronis crémeuse

Desserts
- Barres nanaïmo
- Beignes comme dans le temps

En mode potluck

Punch à la grenade

Dans un grand bol, mélanger 750 ml (3 tasses) de
jus de grenade avec 750 ml (3 tasses) de *ginger ale*,
500 ml (2 tasses) de vodka, 375 ml (1 ½ tasse) de jus
d'orange, 30 ml (2 c. à soupe) de liqueur d'agrumes
(de type Grand Marnier), 60 ml (¼ de tasse) de sirop
d'érable, 2,5 ml (½ c. à thé) de cannelle, 1 pincée de
piment de la Jamaïque et 1 petite pincée de muscade.
Ajouter 2 oranges tranchées finement, les grains de
1 grenade, le contenu de 1 contenant de framboises
de 170 g, 1 carambole tranchée finement et
des glaçons. Donne 12 portions.

Pizzas apéritives à l'italienne

Préparation : 20 minutes
Cuisson : 10 minutes
Quantité : 12 mini-pizzas

250 g	de pâte à pizza
125 ml	(½ tasse) de sauce tomate
12	tranches de salami
12	bocconcinis émincés
6	tomates cerises de couleurs variées coupées en quatre
60 ml	(¼ de tasse) de noix de pin
12	petites feuilles de roquette

—

1. Préchauffer le four à 180 °C (350 °F).

2. Diviser la pâte à pizza en deux, puis diviser chaque boule en six portions. Sur une surface légèrement farinée, abaisser chaque portion de pâte en un cercle de 6 cm (2 ½ po) de diamètre. Cuire au four de 6 à 7 minutes. Laisser le four allumé.

3. Sur les pâtes, étaler la sauce tomate, puis répartir le salami, les bocconcinis, les tomates et les noix de pin.

4. Réchauffer au four de 4 à 5 minutes.

5. Garnir chaque pizza d'une feuille de roquette.

—

Crostinis aux tomates et olives

Préparation : 25 minutes
Quantité : 12 crostinis

12	tranches de pain baguette
1	gousse d'ail coupée en deux
15 ml	(1 c. à soupe) d'huile d'olive

Pour la garniture aux tomates :

3	tomates italiennes coupées en dés
30 ml	(2 c. à soupe) d'huile d'olive
30 ml	(2 c. à soupe) d'olives vertes hachées
15 ml	(1 c. à soupe) de basilic émincé
	Sel et poivre du moulin au goût

Pour décorer :

12	copeaux de parmesan
12	feuilles de basilic

—

1. Frotter les tranches de pain avec la gousse d'ail. Déposer sur une plaque de cuisson et napper d'huile d'olive. Faire dorer au four à la position « gril » (*broil*) de 1 à 2 minutes.

2. Dans un bol, mélanger les tomates avec l'huile, les olives et le basilic. Assaisonner.

3. Garnir les croûtons avec la préparation, puis décorer avec les copeaux de parmesan et les feuilles de basilic.

—

Mini-galettes de pommes de terre et prosciutto

Préparation : 30 minutes
Cuisson : 10 minutes
Quantité : 12 mini-galettes

Pour les galettes :

2	pommes de terre pelées
10 ml	(2 c. à thé) de thym haché
	Sel et poivre au goût
30 ml	(2 c. à soupe) d'huile d'olive

Pour la garniture :

125 ml	(½ tasse) de crème sure
10 ml	(2 c. à thé) de fleur d'ail dans l'huile
12	tranches de prosciutto fumé
12	feuilles de thym

—

1. Râper finement les pommes de terre. Presser la chair afin de retirer le surplus d'eau.

2. Dans un bol, mélanger les pommes de terre avec le thym et l'assaisonnement.

3. Façonner des galettes de 6 cm (2 ½ po) de diamètre en utilisant environ 45 ml (3 c. à soupe) de préparation pour chacune d'elles.

4. Dans une poêle, chauffer l'huile à feu moyen. Cuire de 2 à 3 minutes de chaque côté. Transférer les galettes dans un plateau de service.

5. Dans un bol, mélanger la crème sure avec la fleur d'ail.

6. Répartir cette préparation sur les galettes, puis garnir d'une tranche de prosciutto roulée et d'une feuille de thym.

—

Antipasti au saucisson calabrese

Préparation : 10 minutes — **Quantité :** 8 portions

125 ml	(½ tasse) de vinaigrette italienne	500 ml	(2 tasses) de tomates raisins	
2	boîtes de cœurs de palmier de 398 ml chacune, égouttés et coupés en morceaux	60 ml	(¼ de tasse) de basilic émincé	
2	boîtes de cœurs d'artichauts de 398 ml chacune, égouttés	60 ml	(¼ de tasse) de persil haché	
2	pots d'olives farcies à l'ail et piments rouges de 375 ml chacune, égouttées	250 g	de saucisson calabrese doux ou fort	

1. Dans un saladier, mélanger la vinaigrette avec les cœurs de palmier, les cœurs d'artichauts, les olives, les tomates, le basilic et le persil.

2. Disposer les légumes et les tranches de saucisson dans une assiette de service.

—

LE SAVIEZ-VOUS ?

—

Qu'est-ce que le saucisson calabrese ?

Le saucisson de Calabre tire son nom d'une région située dans la pointe sud-ouest de l'Italie. Cette zone montagneuse est la région d'origine du piment qui entre dans la composition du saucisson calabrese sous forme de pâte de piments. La recette traditionnelle inclut aussi l'épaule de porc, le lard et le fenouil sauvage parmi les ingrédients de base. Cette charcuterie italienne à saveur épicée est fermentée, puis séchée à l'air à température contrôlée. On peut entre autres la servir en hors-d'œuvre sur du pain au levain ou l'incorporer dans un ragoût.

Salade de macaronis crémeuse

Préparation : 25 minutes — **Quantité :** de 8 à 10 portions

Pour la salade :

225 g	de macaronis
1	poivron vert
1	poivron rouge
2	branches de céleri
1	oignon
250 ml	(1 tasse) de cubes de fromage blanc (cheddar, mozzarella, suisse)

Pour la sauce :

250 ml	(1 tasse) de vinaigrette française
80 ml	(⅓ de tasse) de cornichons sucrés coupés en cubes
60 ml	(¼ de tasse) de mayonnaise
30 ml	(2 c. à soupe) de relish
30 ml	(2 c. à soupe) de persil haché
1	pincée de sucre
	Sel et poivre au goût

—

1. Dans une casserole d'eau bouillante salée, cuire les pâtes *al dente*. Égoutter et laisser tiédir.

2. Pendant la cuisson des pâtes, couper les poivrons en dés. Hacher le céleri et l'oignon.

3. Préparer la sauce en mélangeant tous les ingrédients dans un saladier.

4. Ajouter les macaronis, les légumes et les cubes de fromage. Bien remuer.

—

Recette de Nora Drolet

Salade d'amour

Préparation : 25 minutes — **Quantité :** 8 portions

1	contenant de bébés épinards de 400 g
500 ml	(2 tasses) de fèves germées
250 ml	(1 tasse) de riz cuit refroidi
250 ml	(1 tasse) de noix de cajou
1	casseau de champignons blancs de 227 g, coupés en fines tranches
2	branches de céleri coupées en petits dés
2	oignons verts émincés
1	poivron vert coupé en fines lanières
1	poivron rouge coupé en fines lanières

Pour la vinaigrette :

125 ml	(½ tasse) d'huile d'olive
60 ml	(¼ de tasse) de vinaigre balsamique
60 ml	(¼ de tasse) de sauce soya
2,5 ml	(½ c. à thé) de fleur d'ail dans l'huile
	Sel et poivre au goût

—

1. Dans un saladier, fouetter les ingrédients de la vinaigrette.

2. Ajouter les ingrédients de la salade et remuer.

—

Bouchées de porc, trempette au basilic

Préparation: 15 minutes — **Cuisson:** 10 minutes — **Quantité:** 8 portions

60 ml	(¼ de tasse) d'huile d'olive

Pour les bouchées de porc:

900 g	(2 lb) de porc haché
160 ml	(⅔ de tasse) de flocons d'avoine
30 ml	(2 c. à soupe) de thym haché
30 ml	(2 c. à soupe) d'ail haché
2	œufs battus

Pour la trempette:

250 ml	(1 tasse) de yogourt nature
125 ml	(½ tasse) de mayonnaise
60 ml	(¼ de tasse) de basilic haché
30 ml	(2 c. à soupe) de sauce chili
10 ml	(2 c. à thé) d'ail haché

—

1. Dans un bol, mélanger les ingrédients de la trempette. Réserver au frais.

2. Dans un grand bol, mélanger les ingrédients des bouchées de porc. Façonner 24 boulettes en utilisant environ 45 ml (3 c. à soupe) de préparation pour chacune d'elles.

3. Dans une poêle, chauffer l'huile à feu moyen. Cuire les boulettes de 10 à 12 minutes en les retournant de temps en temps, jusqu'à ce que l'intérieur des boulettes ait perdu sa teinte rosée. Servir les boulettes avec la trempette.

—

J'aime parce que... ## Je peux prendre une longueur d'avance

On peut préparer ces boulettes la veille et les cuire juste avant de les servir. Il suffit de préparer la trempette au basilic, de façonner les bouchées de porc, puis de réserver au frais. Une étape de moins pour le grand soir!

Roue suisse au jambon

Préparation : 30 minutes — **Cuisson** : 25 minutes — **Quantité** : 8 portions

2	tubes de pâte pour grands croissants (de type Pillsbury) de 318 g chacun

Pour la garniture :

500 ml	(2 tasses) de macédoine de légumes en conserve, égouttée
250 ml	(1 tasse) de jambon coupé en dés
250 ml	(1 tasse) de fromage suisse râpé
30 ml	(2 c. à soupe) d'oignons hachés
30 ml	(2 c. à soupe) de moutarde douce
30 ml	(2 c. à soupe) de persil haché
15 ml	(1 c. à soupe) de margarine ou de beurre ramolli
5 ml	(1 c. à thé) de jus de citron

—

1. Dans un bol, mélanger les ingrédients de la garniture.

2. Préchauffer le four à 180 °C (350 °F).

3. Tapisser une plaque à pizza ou une plaque de cuisson de papier parchemin. Séparer la pâte en huit triangles. Façonner la roue en suivant les étapes présentées ci-dessous.

4. Cuire au four de 25 à 30 minutes, jusqu'à ce que la pâte soit dorée.

—

C'EST FACILE ! Façonner une roue

1 Déposer les triangles de pâte sur la plaque, de manière à ce que leur base se chevauche et forme un cercle central de 10 cm (4 po) de diamètre. Laisser déborder les pointes vers l'extérieur de l'assiette.

2 Déposer la garniture en cercle, sur la base des triangles.

3 Rabattre chacun des triangles sur la garniture en prenant soin de replier les pointes sous la roue ou de les ramener sur la pâte, tel qu'illustré.

Recette de Gabrielle Jolicoeur

Cipaille du Bas-du-Fleuve

Préparation : 50 minutes — **Réfrigération :** 12 heures — **Cuisson :** 4 heures — **Quantité :** de 14 à 16 portions

Pour la garniture :

908 g	(2 lb) de porc coupé en cubes
908 g	(2 lb) de bœuf et/ou de gibier coupé en cubes
4	poitrines de poulet sans peau, coupées en cubes
2	gros oignons hachés
	Sel et poivre au goût
15 ml	(1 c. à soupe) d'épices mélangées (de type Schwartz) ou à bifteck
1	sac de pommes de terre de 2,25 kg (5 lb)
2 litres	(8 tasses) de bouillon de poulet

Pour la pâte :

750 ml	(3 tasses) de farine tout usage
250 ml	(1 tasse) de graisse végétale (de type Crisco)
125 ml	(½ tasse) de lait froid
7,5 ml	(½ c. à soupe) de sel

—

1. Dans un grand bol, mélanger les viandes avec les oignons, le sel, le poivre et les épices mélangées. Couvrir et laisser reposer 12 heures au réfrigérateur.

2. Préparer la pâte. Dans un grand bol, mélanger tous les ingrédients. Diviser la pâte en trois parts. Réserver au frais.

3. Au moment de la cuisson, peler et couper les pommes de terre en cubes.

4. Préchauffer le four à 180°C (350°F).

5. Abaisser deux parts de pâte jusqu'à une épaisseur de 0,25 cm (⅛ de po). Tailler chaque abaisse en carrés d'environ 5 cm (2 po).

6. Dans une cocotte en fonte ou dans une casserole à fond épais d'une capacité de 6 litres (24 tasses), déposer un rang de viande, puis un rang de pommes de terre. Couvrir de carrés de pâte, sans les superposer. Répéter une fois cette opération, puis couvrir la pâte de viande et de pommes de terre. Verser le bouillon dans la cocotte afin qu'il couvre tout juste la préparation.

7. Abaisser la dernière part de pâte en un cercle de 23 cm (9 po). Déposer sur la préparation. Faire un trou au centre de la pâte afin que la vapeur puisse s'échapper. Utiliser les retailles de pâte pour décorer le cipaille. Couvrir la cocotte avec son couvercle ou avec une feuille de papier d'aluminium. Cuire au four de 4 à 5 heures. Vérifier la quantité de bouillon une ou deux fois en cours de cuisson et en ajouter au besoin.

—

LE SAVIEZ-VOUS ?
—

Qu'est-ce qu'un cipaille ?

Plat québécois s'il en est, le cipaille (ou « cipâte », « six pâtes ») – probablement de l'anglais *sea-pie*, « pâté de la mer » – serait né dans les régions du Bas-Saint-Laurent et de la Gaspésie. Traditionnellement composé de gibier (chevreuil, lièvre, perdrix…), il est désormais préparé avec du porc, du bœuf, de la volaille et/ou du petit gibier. Les diverses sortes de viandes sont disposées en étages, séparés par une abaisse de pâte. Le tout est ensuite arrosé de bon bouillon et cuit lentement au four.

Recette de Marcelle Thériault

Bœuf aux légumes d'antan

Préparation : 30 minutes — **Cuisson :** 1 heure 30 minutes — **Quantité :** 8 portions

160 ml	(⅔ de tasse) de farine
900 g	(2 lb) de cubes de bœuf à ragoût
60 ml	(¼ de tasse) d'huile de canola
20	champignons coupés en deux
8	carottes coupées en morceaux de 2,5 cm (1 po)
6 à 8	branches de céleri coupées en morceaux de 2,5 cm (1 po)
4	échalotes sèches hachées
2	gros oignons hachés
2	navets coupés en cubes de 2,5 cm (1 po)
2	courges musquées coupées en cubes de 2,5 cm (1 po)
1	poivron rouge coupé en cubes
2	feuilles de laurier
2	tiges de romarin
	Sel et poivre au goût

—

1. Préchauffer le four à 180°C (350°F).

2. Verser la farine dans une assiette creuse ou dans un sac hermétique et fariner les cubes de bœuf. Secouer les cubes pour retirer l'excédent de farine.

3. Dans une cocotte ou dans une casserole allant au four, chauffer l'huile à feu moyen. Faire dorer les cubes de bœuf.

4. Ajouter les légumes, la feuille de laurier et la tige de romarin, puis couvrir d'eau. Assaisonner.

5. Cuire au four de 1 heure 30 minutes à 2 heures, jusqu'à ce que la viande soit cuite.

—

LE SAVIEZ-VOUS ?
—

Comment bien dorer les cubes de bœuf

Au moment de saisir les cubes, la viande a tendance à bouillonner ? C'est probablement parce que vous déposez trop de cubes à la fois dans la casserole, ce qui abaisse la température de cuisson et libère le jus de la chair. Afin que la viande dore bien, saisissez les cubes par petites quantités dans l'huile végétale (tournesol, canola, etc.) en prenant soin de bien espacer les morceaux.

Pain sandwich aux trois garnitures

Préparation : 40 minutes — **Quantité :** 12 portions

1	pain sandwich d'environ 35 cm (14 po), coupé sur la longueur en cinq tranches
60 ml	(¼ de tasse) de margarine ou de beurre
2	contenants de fromage fouetté à la crème de 150 g chacun, ramolli
125 ml	(½ tasse) de sauce à salade (de type Miracle Whip)
	Ciboulette (facultatif)

Pour la garniture au saumon :

2	boîtes de saumon de 213 g chacune, égoutté et défait en petits morceaux
160 ml	(⅔ de tasse) d'olives noires dénoyautées, tranchées
125 ml	(½ tasse) de sauce à salade
	Sel et poivre au goût

Pour la garniture au jambon :

375 ml	(1 ½ tasse) de jambon cuit haché
80 ml	(⅓ de tasse) de sauce à salade
30 ml	(2 c. à soupe) de relish sucrée
15 ml	(1 c. à soupe) d'oignon haché finement
	Sel et poivre au goût

Pour la garniture aux œufs :

6	œufs cuits dur, hachés
60 ml	(¼ de tasse) de sauce à salade
30 ml	(2 c. à soupe) de poivron rouge haché
15 ml	(1 c. à soupe) de ciboulette hachée
	Sel et poivre au goût

—

1. Préparer chacune des garnitures en mélangeant bien les ingrédients.

2. Retirer les croûtes du pain. Tartiner quatre tranches avec la margarine ou le beurre.

3. Couvrir la tranche du bas avec la moitié de la garniture au saumon, puis la seconde avec la garniture au jambon. Garnir la troisième tranche avec la préparation aux œufs. Étaler le reste de la garniture au saumon sur la dernière tranche.

4. Dans une assiette de service, superposer les tranches. Couvrir de la cinquième tranche.

5. Dans un bol, mélanger le fromage à la crème avec la sauce à salade. Glacer le pain sandwich. Si désiré, réserver 60 ml (¼ de tasse) du mélange pour décorer avec une douille à pâtisserie.

6. Décorer de fleurs en formant les pétales et les feuilles à l'aide d'olives noires et de poivrons. Décorer le pourtour du pain avec des tiges de ciboulette.

7. Piquer quelques cure-dents sur le dessus du pain et couvrir d'une pellicule plastique en prenant soin que celle-ci ne touche pas à la garniture. Réfrigérer et sortir 20 minutes avant de servir. Le pain se conserve au réfrigérateur de 1 à 2 jours.

—

J'aime aussi... Varier la garniture

De nombreuses variantes peuvent remplacer ces garnitures : au poulet, au thon, à base de tofu, d'houmous, aux légumes grillés et au fromage à la crème… Laissez libre cours à votre imagination !

Barres nanaïmo

Préparation : 40 minutes — **Réfrigération :** 3 heures 20 minutes — **Quantité :** 16 barres

Pour la base croquante :

125 ml	(½ tasse) de beurre ramolli
120 g	de chocolat mi-sucré
60 ml	(¼ de tasse) de miel
500 ml	(2 tasses) de chapelure de biscuits Graham
60 ml	(¼ de tasse) de noix de Grenoble hachées
60 ml	(¼ de tasse) de noix de coco

Pour la garniture :

375 ml	(1 ½ tasse) de sucre à glacer
125 ml	(½ tasse) de beurre ramolli
30 ml	(2 c. à soupe) de préparation pour pouding à la vanille (de type Jell-O)
15 ml	(1 c. à soupe) de zestes de citron

Pour le glaçage au chocolat :

120 g	de chocolat noir 70 %
60 ml	(¼ de tasse) de beurre

—

1. Préchauffer le four à 180 °C (350 °F).

2. Dans un bain-marie, faire fondre le beurre avec le chocolat et le miel. Retirer du feu. Incorporer la chapelure, les noix de Grenoble et la noix de coco jusqu'à l'obtention d'un mélange homogène.

3. Tapisser un moule carré de 20 cm (8 po) d'une pellicule plastique. Répartir la préparation dans le moule et presser avec le dos d'une cuillère pour égaliser la surface. Réserver au frais 20 minutes.

4. Dans un bol, mélanger les ingrédients de la garniture à l'aide d'une cuillère en bois. Dès que la base est figée, étaler cette préparation dessus. Égaliser la surface et remettre au froid jusqu'au moment de glacer.

5. Pour le glaçage, faire fondre le chocolat dans un bain-marie ou au micro-ondes à basse intensité. Ajouter le beurre et mélanger jusqu'à ce qu'il soit fondu. Étaler le glaçage sur la garniture. Réfrigérer 3 heures.

6. Couper en 16 barres.

—

Beignes comme dans le temps

Préparation: 30 minutes — **Cuisson:** 20 minutes — **Quantité:** 36 beignes

2 litres (8 tasses) d'huile
de canola

Pour les beignes:

1,125 litres (4 ½ tasses) de farine

20 ml (4 c. à thé) de poudre
à pâte

3 œufs

250 ml (1 tasse) de sucre

125 ml (½ tasse) de crème
à cuisson 35 %

125 ml (½ tasse) de lait

30 ml (2 c. à soupe) de beurre
fondu

1 pincée de sel

—

1. Au-dessus d'un grand bol, tamiser la farine et la poudre à pâte.

2. À l'aide du batteur électrique, fouetter les œufs avec le sucre, la crème, le lait, le beurre et le sel dans un autre bol.

3. Incorporer graduellement les ingrédients secs aux ingrédients liquides. Mélanger jusqu'à l'obtention d'une consistance lisse.

4. Sur une surface farinée, abaisser la pâte jusqu'à une épaisseur d'environ 0,5 cm (¼ de po).

5. À l'aide d'un verre ou d'un emporte-pièce de 7,5 cm (3 po) de diamètre, former les beignes dans la pâte. À l'aide d'un emporte-pièce d'environ 2,5 cm (1 po), former les

trous dans les beignes. Utiliser la pâte restante pour former de nouveaux beignes. Réserver quelques trous de beignes pour faire cuire.

6. Dans une grande casserole ou dans une friteuse, chauffer l'huile jusqu'à ce qu'elle atteigne une température de 190 °C (375 °F). Cuire quelques beignes à la fois, jusqu'à l'obtention d'une coloration dorée, et égoutter sur du papier absorbant.

—

Menu

Cocktail

- Sangria blanche au romarin

Bouchées et entrées

- Canapés au chorizo, bocconcini et roquette
- Effiloché de canard et confit de carottes au gingembre
- Potage de carottes, panais et chips de prosciuttini

Plat principal

- Poitrines de dinde farcies aux noix et Oka
- Betteraves marinées
- Salade pommes-noisettes

Dessert

- Gâteau étagé au fromage et deux chocolats

100 % préparé à l'avance

Sangria blanche au romarin

Dans un pichet, mélanger 2 pommes vertes et 1 pomme rouge tranchées finement, 250 ml (1 tasse) de canneberges et 1 grosse tige de romarin. Verser 1 bouteille de pinot grigio de 750 ml, 125 ml (½ tasse) de jus de raisin blanc, 60 ml (¼ de tasse) de sucre et 1 canette de club soda de 355 ml. Laisser reposer au moins 1 heure avant de servir. Donne 8 portions.

Canapés au chorizo, bocconcini et roquette

Préparation : 20 minutes — **Quantité :** 12 canapés

12   croûtons de pain

Pour la sauce citronnée :

60 ml   (¼ de tasse) de mayonnaise

5 ml   (1 c. à thé) de jus de citron

3 à 4   pistils de safran

Pour la garniture :

12   tranches de chorizo

12   petites feuilles de roquette

12   bocconcinis cocktail, égouttés et épongés

—

1. Dans un bol, mélanger les ingrédients de la sauce citronnée.

2. Tartiner les croûtons avec cette préparation.

3. Garnir chaque croûton d'une tranche de chorizo, d'une feuille de roquette et d'un bocconcini.

4. Piquer avec un cure-dent.

—

 J'aime aussi...

En version simplifiée

Pour une version plus rapide et plus légère, éliminez le pain : un cure-dent peut aisément réunir chorizo, bocconcini, roquette et une pointe de sauce citronnée. Pour un brin de fantaisie, déposez deux ou trois brochettes dans une verrine. Un petit détail qui fait wow !

Effiloché de canard et confit de carottes au gingembre

Préparation: 30 minutes — **Cuisson:** 15 minutes — **Quantité:** 12 verrines

12   croûtons de pain grillés

Pour le confit de carottes:

80 ml   (⅓ de tasse) de miel

60 ml   (¼ de tasse) de vin blanc sec

30 ml   (2 c. à soupe) de raisins de Corinthe

15 ml   (1 c. à soupe) de gingembre haché

15 ml   (1 c. à soupe) de jus de citron

3   carottes râpées

          Sel et poivre au goût

Pour l'effiloché de canard:

2   cuisses de canard confit de 150 g (⅓ de lb) chacune

1   oignon vert émincé

15 ml   (1 c. à soupe) de persil haché

—

1. Dans une casserole, laisser mijoter les ingrédients du confit de carottes de 15 à 18 minutes à feu moyen, jusqu'à l'obtention d'une consistance sirupeuse. Retirer du feu et laisser tiédir.

2. Effilocher la chair des cuisses de canard confit. Dans un bol, mélanger la chair de canard avec l'oignon vert et le persil.

3. Préparer 12 coupes ou petits verres à large ouverture d'une capacité minimale de 125 ml (½ tasse). Répartir le confit de carottes dans les verrines. Couvrir de la préparation au canard. Réserver au frais pour un maximum de 2 à 3 heures.

4. Au moment de servir, déposer un croûton sur chaque verrine.

—

J'aime parce que...

C'est simple et original

Facile à préparer, ce mets charmera certainement vos invités. La présentation en verrines suffit à lui donner une note d'originalité, tandis que le canard apporte raffinement et distinction. Bien que cette recette soit rapide à préparer et que vous puissiez la concocter entièrement à l'avance, vous pouvez encore sauter une étape en achetant du confit de carottes du commerce. Et hop! Une entrée digne du resto en un tournemain!

Potage de carottes, panais et chips de prosciuttini

Préparation : 15 minutes — **Cuisson :** 25 minutes — **Quantité :** 8 portions

10	carottes
10	panais
30 ml	(2 c. à soupe) de beurre
1	oignon haché
2 litres	(8 tasses) de bouillon de poulet
250 ml	(1 tasse) de jus d'orange
	Sel et poivre au goût
8 à 10	tranches de prosciuttini

—

1. Peler les carottes et les panais, puis les couper en morceaux.

2. Dans une casserole, faire fondre le beurre à feu moyen. Cuire l'oignon de 1 à 2 minutes. Ajouter les légumes, le bouillon, le jus d'orange et l'assaisonnement. Porter à ébullition et laisser mijoter 25 minutes.

3. Pendant ce temps, préparer les chips de prosciuttini. Préchauffer le four à 180 °C (350 °F). Sur une plaque de cuisson tapissée d'une feuille de papier parchemin, déposer les tranches de prosciuttini. Cuire au four de 10 à 12 minutes.

4. Dans le contenant du mélangeur, émulsionner la préparation aux légumes jusqu'à l'obtention d'un mélange lisse et onctueux.

5. Répartir le potage dans des assiettes creuses. Décorer chacune des portions de chips de prosciuttini.

—

J'aime aussi...

Avec d'autres charcuteries

Vous n'avez pas de prosciuttini sous la main ? Pas de problème ! Du prosciutto italien ou canadien, du jambon serrano, du jambon de Parme ou encore du jambon de Bayonne feront parfaitement l'affaire pour préparer les chips !

Poitrines de dinde farcies aux noix et Oka

Préparation : 30 minutes — **Cuisson :** 40 minutes — **Quantité :** 8 portions

2	poitrines de dinde de 605 g (1 ⅓ lb) chacune
1	sachet de sauce demi-glace de 34 g
125 ml	(½ tasse) de porto rouge
375 ml	(1 ½ tasse) de jus de canneberge
30 ml	(2 c. à soupe) d'huile de canola
	Sel et poivre au goût
125 ml	(½ tasse) de canneberges

Pour la farce :

300 g	(⅔ de lb) de porc haché mi-maigre
200 g	de fromage Oka coupé en dés
80 ml	(⅓ de tasse) de canneberges séchées
60 ml	(¼ de tasse) de noix de Grenoble hachées
30 ml	(2 c. à soupe) de persil haché
30 ml	(2 c. à soupe) de sauge hachée
10 ml	(2 c. à thé) d'ail haché
2	échalotes sèches hachées
1	œuf
	Sel et poivre au goût

—

1. Mélanger les ingrédients de la farce.

2. Inciser les poitrines sur l'épaisseur afin de former une cavité. À l'aide d'une petite cuillère, farcir les poitrines. Maintenir les poitrines fermées avec des cure-dents, puis les ficeler.

3. Préchauffer le four à 205 °C (400 °F).

4. Dans une casserole, délayer la sauce demi-glace dans le porto et le jus de canneberge. Porter à ébullition en fouettant.

5. Dans un poêlon allant au four, chauffer l'huile à feu moyen. Saisir les poitrines de 1 à 2 minutes de chaque côté. Verser la sauce. Assaisonner.

6. Couvrir et cuire au four de 30 à 35 minutes, en retournant les poitrines à mi-cuisson.

7. Ajouter les canneberges dans le poêlon et poursuivre la cuisson 10 minutes.

—

J'aime avec...

Pommes de terre parisiennes au canard fumé

Dans une poêle, chauffer 30 ml (2 c. à soupe) de beurre et 15 ml (1 c. à soupe) d'huile de canola à feu moyen. Faire dorer de 1 à 2 minutes le contenu de ½ boîte d'oignons perlés de 398 ml. Ajouter 1 kg (environ 2 ¼ lb) de pommes de terre parisiennes et faire dorer de 2 à 3 minutes. Émincer le contenu de 1 paquet de canard fumé de 85 g. Incorporer à la préparation avec 60 ml (¼ de tasse) de persil haché et 5 ml (1 c. à thé) de romarin haché. Saler et poivrer.

Betteraves marinées

Préparation : 30 minutes — **Cuisson :** 1 heure 30 minutes — **Quantité :** 12 pots d'environ 500 ml (2 tasses) chacun

1 sac de betteraves de 4,5 kg (10 lb)

Pour la marinade :

625 ml (2 ½ tasses) de vinaigre blanc
180 ml (¾ de tasse) d'eau
375 ml (1 ½ tasse) de cassonade
—

1. Brosser les betteraves en conservant la pelure et un bout de tige. Séparer les grosses betteraves des petites.

2. Déposer les grosses betteraves dans une casserole et les petites dans une autre. Remplir les deux casseroles d'eau et porter à ébullition. Cuire à feu doux jusqu'à tendreté, environ 1 heure 30 minutes pour les grosses betteraves et 1 heure pour les petites. Retirer du feu. Égoutter et laisser tiédir.

3. Enfiler des gants pour peler les betteraves, puis les tailler en tranches ou en cubes.

4. Pendant ce temps, stériliser des pots de type Mason au four à 65,5 °C (150 °F).

5. Bien entasser les betteraves dans les pots chauds.

6. Préparer la marinade. Dans une casserole, porter à ébullition le vinaigre avec l'eau et la cassonade. Laisser bouillir 5 minutes.

7. Verser le liquide bouillant dans les pots et sceller immédiatement les couvercles.

—

Salade pommes-noisettes

Préparation : 15 minutes — **Quantité :** 8 portions

4	pommes vertes râpées
2	citrons
250 ml	(1 tasse) de noisettes grillées et hachées
30 ml	(2 c. à soupe) de persil haché
30 ml	(2 c. à soupe) de ciboulette hachée
250 ml	(1 tasse) d'huile de noisette
2	contenants de mâche de 170 g chacun

—

1. Déposer les pommes dans un grand bol. Arroser du jus de citron et mélanger.

2. Ajouter les noisettes hachées, le persil et la ciboulette. Verser l'huile de noisette.

3. Répartir les feuilles de mâche dans les assiettes. Garnir chacune des portions du mélange de pommes et noisettes.

—

Gâteau étagé au fromage et deux chocolats

Préparation : 30 minutes — **Congélation** : 10 minutes — **Réfrigération** : 4 heures — **Quantité** : 8 portions

Pour la croûte :

225 g	de biscottis
125 ml	(½ tasse) de noisettes hachées
60 ml	(¼ de tasse) de miel
30 ml	(2 c. à soupe) de beurre fondu

Pour les gâteaux aux deux chocolats :

2	sachets de gélatine sans saveur de 7 g chacun
125 ml	(½ tasse) de lait
170 g	de chocolat blanc coupé en morceaux
2	contenants de fromage à la crème de 400 g chacun, ramolli
170 g	de chocolat au lait coupé en morceaux

Pour la garniture :

250 ml	(1 tasse) de framboises
125 ml	(½ tasse) de grains de grenade
10 à 12	fraises émincées
	Quelques copeaux de chocolat noir

—

1. À l'aide du robot culinaire, réduire les biscottis et les noisettes en chapelure. Incorporer le miel et le beurre.

2. Dans un bol, laisser gonfler le contenu de 1 sachet de gélatine avec 60 ml (¼ de tasse) de lait.

3. Faire fondre le chocolat blanc dans un bain-marie.

4. Chauffer la gélatine de 15 à 20 secondes au micro-ondes et incorporer au chocolat blanc. Ajouter le contenu de 1 contenant de fromage à la crème et mélanger jusqu'à homogénéité.

5. Tapisser un moule à pain de 23 cm x 12,5 cm (9 po x 5 po) d'une feuille de papier parchemin. Verser la préparation au chocolat blanc dans le moule et égaliser. Répartir la moitié de la chapelure aux biscottis sur le chocolat. Congeler 10 minutes.

6. Répéter les étapes 2 à 4 avec les morceaux de chocolat au lait. Répartir dans le moule et couvrir du reste de la chapelure. Réfrigérer de 4 à 6 heures.

7. Au moment de servir, déposer un plat de service à l'envers sur le moule et retourner pour démouler. Décorer le gâteau avec les fruits et les copeaux de chocolat.

—

J'aime parce que... C'est différent, délicieux et facile !

Ce gâteau étagé fera certainement fureur auprès de vos invités. Il est pourtant si simple à réaliser ! Sa base croustillante faite de biscottis combinée aux deux sortes de chocolats et aux petits fruits font de lui un véritable délice. Qui sait ? Il deviendra peut-être l'un de vos classiques de Noël !

Menu

Cocktail

- Kir classique

Bouchées salées

- Boulettes croquantes aux crevettes
- Bruschettas réinventées
- Coupelles de prosciutto et figues
- Crab cakes sauce tartare allégée
- Crevettes croustillantes
- Endives farcies au saumon fumé
- Mousse de poireaux aux asperges
- Pétoncles au canard séché et érable
- Prosciutto fumé et nectarines
- Salade de pommes de terre et bacon en verrines
- Tartelettes aux tomates et câpres
- Triangles de wonton aux crevettes
- Verrines de bocconcinis à l'italienne
- Verrines de saumon fumé aux perles à l'érable

Bouchées sucrées

- Gourmandise canneberges-framboises
- Verrines choco-poires

Cocktail dînatoire

Kir classique

Dans un verre, verser 20 ml (4 c. à thé) de crème de cassis et 125 ml (½ tasse) de vin blanc.

Pétoncles au canard séché et érable

Préparation : 15 minutes — Quantité : 12 bouchées

15 ml	(1 c. à soupe) de moutarde de Dijon
30 ml	(2 c. à soupe) de sirop d'érable
12	pétoncles moyens (calibre 20/30)
12	tranches de canard fumé
15 ml	(1 c. à soupe) de beurre
—	

1. Dans un bol, mélanger la moutarde avec le sirop d'érable.

2. Enrouler chaque pétoncle dans une tranche de canard fumé. Fixer la tranche de canard avec un cure-dent.

3. Dans une poêle, faire fondre le beurre à feu moyen. Faire dorer les pétoncles 1 minute de chaque côté.

4. Napper les pétoncles de sauce moutarde-érable. Servir immédiatement.

—

Boulettes croquantes aux crevettes

Préparation : 20 minutes — Cuisson : 2 minutes — Quantité : 12 boulettes

1 litre	(4 tasses) d'huile de canola

Pour les boulettes :

150 g	(250 ml) de crevettes nordiques
15 ml	(1 c. à soupe) de coriandre hachée
15 ml	(1 c. à soupe) de zestes de lime
15 ml	(1 c. à soupe) de farine
5 ml	(1 c. à thé) d'ail haché
5 ml	(1 c. à thé) de pâte de cari rouge
1	blanc d'œuf
1	oignon vert haché

Pour la sauce aux piments et arachides :

60 ml	(¼ de tasse) de sauce sucrée aux piments chili
30 ml	(2 c. à soupe) d'arachides hachées
15 ml	(1 c. à soupe) de jus de lime
—	

1. Dans le contenant du robot culinaire, mélanger les ingrédients des boulettes, jusqu'à l'obtention d'une consistance homogène.

2. Façonner 12 boulettes en utilisant environ 15 ml (1 c. à soupe) de préparation pour chacune d'elles.

3. Dans une grande casserole, chauffer l'huile à feu moyen, jusqu'à ce qu'elle atteigne une température de 190°C (375°F). Faire frire la moitié des boulettes de 2 à 3 minutes, en les retournant à quelques reprises, jusqu'à ce qu'elles soient dorées. Égoutter sur du papier absorbant. Répéter avec le reste des boulettes.

4. Dans un bol, mélanger les ingrédients de la sauce. Répartir dans 12 cuillères chinoises. Déposer une boulette dans chacune des cuillères.

—

Mousse de poireaux aux asperges

Préparation : 15 minutes — Cuisson : 5 minutes — Quantité : 12 verrines

15 ml	(1 c. à soupe) d'huile d'olive
125 ml	(½ tasse) d'échalotes sèches hachées
15 ml	(1 c. à soupe) de cari
2	sacs de poireaux tranchés de 250 g chacun ou 1 gros poireau
36	petites asperges
2	contenants de fromage à la crème de 250 g chacun
	Sel et poivre au goût

—

1. Dans une poêle, chauffer l'huile à feu moyen. Saisir les échalotes 1 minute.

2. Ajouter le cari et les poireaux tranchés. Cuire à feu doux-moyen de 5 à 7 minutes, jusqu'à ce que les poireaux soient tendres. Laisser tiédir.

3. Dans une casserole d'eau bouillante salée, blanchir les asperges 3 minutes. Égoutter. Réserver les pointes des asperges et émincer le reste.

4. Dans le contenant du robot culinaire, mélanger les poireaux avec les asperges émincées et le fromage à la crème jusqu'à l'obtention d'une préparation onctueuse. Saler et poivrer.

5. Répartir la préparation dans des verrines et décorer chacune des portions avec les pointes d'asperges.

—

J'aime avec...

Croûtons à l'italienne

Dans un bol, mélanger 30 ml (2 c. à soupe) d'huile d'olive avec 10 ml (2 c. à thé) d'épices italiennes et 15 ml (1 c. à soupe) de parmesan râpé. Badigeonner 8 tranches de pain baguette avec la préparation. Déposer sur une plaque de cuisson tapissée d'une feuille de papier d'aluminium et faire dorer au four à la position « gril » (*broil*) de 2 à 3 minutes.

Verrines de saumon fumé aux perles à l'érable

Préparation : 15 minutes — **Quantité** : 12 verrines

2	contenants de ricotta de 400 g chacun
375 ml	(1 ½ tasse) de crème sure
45 ml	(3 c. à soupe) d'aneth haché
45 ml	(3 c. à soupe) de ciboulette hachée
45 ml	(3 c. à soupe) de zestes de citron
	Sel et poivre au goût
1	paquet de saumon fumé d'au moins 300 g
2	contenants de perles à l'érable (de type Canadian Maple Delights) de 50 g chacun

—

1. Dans le contenant du robot culinaire, mélanger la ricotta avec la crème sure, les fines herbes et les zestes de citron. Saler et poivrer.

2. Répartir la moitié de la préparation dans douze verrines.

3. Garnir de la moitié du saumon fumé, puis couvrir avec le reste de la préparation de ricotta et d'un morceau de saumon fumé. Parsemer de perles à l'érable.

—

 J'aime aussi...

Varier les ingrédients

Pour réinventer cette recette, on pourrait remplacer la ricotta par du fromage à la crème ou du Boursin et le saumon fumé par de la truite fumée ou des crevettes. Du zeste de lime ou d'orange serait également une bonne substitution au zeste de citron.

Triangles de wonton aux crevettes

Préparation : 30 minutes — **Cuisson** : 2 minutes — **Quantité** : 24 triangles

24	feuilles de pâte à wontons, décongelées
1	jaune d'œuf battu avec un peu d'eau
1 litre	(4 tasses) d'huile de canola

Pour la farce aux crevettes :

200 g	(330 ml) de crevettes nordiques
⅔	d'un paquet de fromage à la crème de 250 g, ramolli
60 ml	(¼ de tasse) de coriandre hachée
30 ml	(2 c. à soupe) de ciboulette hachée
10 ml	(2 c. à thé) d'ail haché
	Sel et poivre au goût

Pour la trempette :

250 ml	(1 tasse) de crème sure
30 ml	(2 c. à soupe) de jus de lime
30 ml	(2 c. à soupe) de miel
10 ml	(2 c. à thé) de gingembre haché
	Sel et poivre au goût

1. Dans un bol, mélanger les ingrédients de la trempette. Réserver au frais.

2. Hacher les crevettes nordiques.

3. Dans un autre bol, mélanger les ingrédients de la farce aux crevettes. Réserver au frais.

4. Sur le plan de travail, déposer six feuilles de pâte à wontons. Couvrir les autres feuilles d'un linge humide. Au centre de chaque feuille, déposer environ 15 ml (1 c. à soupe) de farce aux crevettes. Badigeonner le pourtour des feuilles de jaune d'œuf battu. Replier la pâte sur la garniture de manière à former un triangle. Sceller en pressant le pourtour. Répéter pour le reste des triangles.

5. Dans une casserole, chauffer l'huile jusqu'à ce qu'elle atteigne une température de 190 °C (375 °F). En procédant par petites quantités, frire les triangles de 2 à 3 minutes en les retournant de temps en temps, jusqu'à ce qu'ils soient dorés et croustillants. Égoutter sur du papier absorbant. Servir avec la trempette.

J'aime parce que...

Ça se prépare à l'avance

Il est facile de préparer une partie de cette recette à l'avance : assemblez les triangles aux crevettes tel qu'indiqué dans la recette ci-dessus, puis faites-les congeler sur une plaque de cuisson pendant 1 heure. Glissez ensuite les triangles dans des sacs de congélation. Les triangles aux crevettes peuvent être congelés pendant 1 mois. La veille, préparez la trempette et le jour du repas, faites frire les triangles encore congelés selon les indications de la recette ci-dessus. Une belle façon de gagner de précieuses minutes !

Endives farcies au saumon fumé

Préparation : 15 minutes — Quantité : 12 endives farcies

1	paquet de saumon fumé de 300 g
180 ml	(¾ de tasse) de crème sure
45 ml	(3 c. à soupe) d'aneth haché
250 ml	(1 tasse) de poivrons rouges grillés émincés
15 ml	(1 c. à soupe) d'ail haché
12	grandes feuilles d'endives
—	

1. Couper 6 tranches de saumon fumé en quatre morceaux chacune. Réserver.

2. Tailler le reste des tranches de saumon fumé en petits morceaux.

3. Dans un bol, mélanger les petits morceaux de saumon fumé avec la crème sure, l'aneth, les poivrons grillés et l'ail. Saler et poivrer.

4. Garnir les feuilles d'endives avec la préparation au saumon fumé.

5. Décorer avec les morceaux de saumon réservés.

—

Concombres farcis au saumon fumé

Suivre les étapes 1 à 3. Couper 2 concombres anglais sur la longueur et les épépiner à l'aide d'une cuillère. Garnir les demi-concombres avec la préparation au saumon fumé. Couper chacun des demi-concombres en six morceaux. Décorer avec le saumon fumé réservé.

Coupelles de prosciutto et figues

Préparation : 15 minutes — **Cuisson :** 8 minutes — **Quantité :** 12 coupelles

6	tranches de prosciutto fumé
5 ml	(1 c. à thé) de sirop d'érable
1	fromage bleu de 100 g émietté
30 ml	(2 c. à soupe) d'huile d'olive
10 ml	(2 c. à thé) de vinaigre balsamique
30 ml	(2 c. à soupe) de pistaches hachées
30 ml	(2 c. à soupe) de ciboulette hachée
3	figues coupées en quatre

—

1. Préchauffer le four à 205 °C (400 °F).

2. Couper les tranches de prosciutto en deux. Déposer les demi-tranches dans les alvéoles d'un moule à mini-muffins de manière à façonner des coupelles.

3. Cuire au four de 8 à 10 minutes, jusqu'à ce que le prosciutto soit croustillant. Retirer du four, démouler et laisser tiédir.

4. Dans un saladier, mélanger le sirop d'érable avec le fromage bleu, l'huile d'olive, le vinaigre balsamique, les pistaches et la ciboulette.

5. Répartir le mélange dans les coupelles. Garnir chacune des coupelles d'un morceau de figue.

—

Crevettes croustillantes

Préparation : 25 minutes — **Cuisson :** 2 minutes — **Quantité :** 12 verrines

Pour la sauce cocktail :

125 ml	(½ tasse) de crème sure
60 ml	(¼ de tasse) de ketchup
15 ml	(1 c. à soupe) de whisky
15 ml	(1 c. à soupe) de miel
5 ml	(1 c. à thé) de jus de citron

Pour les crevettes :

80 ml	(⅓ de tasse) de farine
1	œuf
180 ml	(¾ de tasse) de chapelure panko
30 ml	(2 c. à soupe) de ciboulette hachée
10 ml	(2 c. à thé) de piment d'Espelette
12	crevettes moyennes (calibre 31/40), crues et décortiquées
1 litre	(4 tasses) d'huile de canola

—

1. Dans un bol, mélanger les ingrédients de la sauce cocktail. Répartir dans 12 verrines et réserver au frais.

2. Préparer trois assiettes creuses. Dans la première, verser la farine. Dans la deuxième, battre l'œuf. Dans la troisième, mélanger la chapelure panko avec la ciboulette et le piment d'Espelette. Fariner quelques crevettes à la fois, les tremper dans l'œuf battu, puis les enrober de panure.

3. Dans une grande casserole, chauffer l'huile à feu moyen, jusqu'à ce qu'elle atteigne une température de 190 °C (375 °F). Faire frire la moitié des crevettes de 2 à 3 minutes, en les retournant à quelques reprises, jusqu'à ce qu'elles soient dorées. Égoutter sur du papier absorbant. Répéter avec le reste des crevettes.

4. Piquer un cure-dent dans chaque crevette et déposer sur les verrines. Servir immédiatement.

—

Salade de pommes de terre et bacon en verrines

Préparation : 25 minutes — **Cuisson :** 8 minutes — **Quantité :** 12 verrines

4 à 5	pommes de terre
80 ml	(⅓ de tasse) de mayonnaise
60 ml	(¼ de tasse) de crème sure
45 ml	(3 c. à soupe) de parmesan râpé
30 ml	(2 c. à soupe) de ciboulette hachée
30 ml	(2 c. à soupe) de persil haché
10	tranches de bacon cuites et émincées
	Sel et poivre au goût
	Quelques tiges de ciboulette

1. Peler les pommes de terre et les couper en dés. Déposer dans une casserole et couvrir d'eau froide. Saler et porter à ébullition. Couvrir et cuire de 8 à 10 minutes, jusqu'à ce qu'elles soient cuites, mais encore légèrement croquantes. Égoutter et rincer sous l'eau froide. Égoutter de nouveau.

2. Dans un bol, mélanger la mayonnaise avec la crème sure, le parmesan, les fines herbes, le bacon et l'assaisonnement.

3. Ajouter les dés de pommes de terre et remuer. Répartir dans 12 verrines et décorer de tiges de ciboulette.

Tartelettes aux tomates et câpres

Préparation: 15 minutes — **Cuisson:** 15 minutes — **Quantité:** 12 tartelettes

12	croûtes à tartelettes de 7,5 cm (3 po) de diamètre
25	tomates cerises de couleurs variées coupées en deux
150 g	de cheddar de chèvre coupé en dés
45 ml	(3 c. à soupe) de câpres, égouttées
20 ml	(4 c. à thé) de moutarde à l'ancienne
5 ml	(1 c. à thé) d'ail haché
45 ml	(3 c. à soupe) d'huile d'olive
45 ml	(3 c. à soupe) de ciboulette hachée
	Sel et poivre au goût

—

1. Préchauffer le four à 205 °C (400 °F).

2. Sur une plaque de cuisson, déposer les croûtes à tartelettes et cuire au four de 10 à 12 minutes.

3. Dans un bol, mélanger les tomates avec le fromage, les câpres, la moutarde, l'ail, l'huile et la ciboulette. Saler et poivrer.

4. Garnir les tartelettes avec la préparation et prolonger la cuisson au four de 5 minutes.

—

Crab cakes sauce tartare allégée

Préparation : 20 minutes – **Cuisson :** 8 minutes – **Quantité :** 12 mini-crab cakes

15 ml	(1 c. à soupe) d'huile de canola

Pour la sauce tartare allégée :

125 ml	(½ tasse) de crème sure légère
125 ml	(½ tasse) de mayonnaise réduite en gras
20 ml	(4 c. à thé) d'échalotes sèches hachées
20 ml	(4 c. à thé) de relish
5 ml	(1 c. à thé) de câpres hachées finement
	Sel et poivre au goût

Pour les crab cakes :

3	tranches de pain
160 ml	(⅔ de tasse) de lait 1 %
680 g	(1 ½ lb) de chair de crabe fraîche (ou de morceaux surgelés et égouttés)
45 ml	(3 c. à soupe) de mayonnaise réduite en gras
15 ml	(1 c. à soupe) de moutarde de Dijon
7,5 ml	(½ c. à soupe) de sauce Worcestershire
7,5 ml	(½ c. à soupe) de paprika
5 ml	(1 c. à thé) de gingembre moulu
5 ml	(1 c. à thé) de sel de céleri
4	oignons verts hachés
2	œufs
	Sel et poivre au goût

1. Dans un bol, mélanger les ingrédients de la sauce tartare. Réserver au frais.

2. Retirer les croûtes des tranches de pain et couper la mie en dés. Déposer dans un bol et verser le lait. Laisser reposer quelques minutes. Égoutter le pain, puis presser les cubes pour retirer l'excédent de lait.

3. Dans le bol, ajouter le reste des ingrédients des crab cakes. Mélanger.

4. Former des petites galettes en utilisant environ 60 ml (¼ de tasse) de préparation pour chacune d'elles.

5. Dans une grande poêle anti-adhésive, chauffer l'huile de canola à feu moyen. Faire dorer les crab cakes 4 minutes de chaque côté. Déposer sur du papier absorbant.

6. Servir avec la sauce tartare allégée.

—

Recette de Ève Godin, nutritionniste

Bruschettas réinventées

Préparation : 20 minutes — **Cuisson :** 28 minutes — **Quantité :** 12 bruschettas

1	oignon tranché en rondelles
1	poivron rouge coupé en deux et épépiné
30 ml	(2 c. à soupe) d'huile d'olive
12	copeaux de parmesan
12	feuilles de basilic
6	olives Kalamata dénoyautées et coupées en deux

Pour les croûtons :

12	tranches de pain baguette
15 ml	(1 c. à soupe) d'huile d'olive
1	gousse d'ail coupée en deux
30 ml	(2 c. à soupe) de pesto aux tomates séchées

—

1. Préchauffer le four à 205 °C (400 °F).

2. Sur une plaque de cuisson tapissée d'une feuille de papier parchemin, étaler les rondelles d'oignon et les moitiés de poivron rouge, côté coupé dessous. Verser l'huile d'olive en filet sur les légumes. Cuire au four 20 minutes, jusqu'à ce que l'oignon soit caramélisé et le poivron noirci. Retirer du four et laisser reposer quelques minutes. Peler le poivron rouge. Réserver.

3. Préparer les croûtons. Sur une plaque de cuisson, déposer les tranches de pain et les badigeonner d'huile d'olive. Faire dorer au four de 8 à 10 minutes à 180 °C (350 °F). Retirer du four et laisser tiédir.

4. Au moment de servir, frotter légèrement le dessus des croûtons avec la gousse d'ail, puis les tartiner de pesto aux tomates séchées.

5. Couper les moitiés de poivron rouge en lanières.

6. Sur chaque croûton, déposer quelques lanières d'oignon et de poivron. Ajouter un copeau de parmesan, une feuille de basilic et une demi-olive. Servir immédiatement.

—

Verrines de bocconcinis à l'italienne

Préparation : 15 minutes — **Quantité :** 12 verrines

125 ml	(½ tasse) de mayonnaise
30 ml	(2 c. à soupe) de pesto
12	tomates cerises
12	feuilles de basilic
12	mini-bocconcinis
—	

1. Dans un bol, fouetter la mayonnaise avec le pesto. Répartir dans 12 verrines.

2. Assembler 12 mini-brochettes en piquant 1 tomate cerise, 1 feuille de basilic et 1 bocconcini sur chacune d'elles.

3. Déposer les mini-brochettes dans les verrines. Réserver au frais jusqu'au moment de servir.

—

Prosciutto fumé et nectarines

Préparation: 15 minutes — **Quantité:** 12 rouleaux

15 ml	(1 c. à soupe) de jus de lime
10 ml	(2 c. à thé) de gingembre haché
45 ml	(3 c. à soupe) d'huile d'olive
15 ml	(1 c. à soupe) de graines de sésame
	Sel et poivre au goût
2	nectarines
6	tranches de prosciutto fumé
12	feuilles de basilic

—

1. Dans un bol, mélanger le jus de lime avec le gingembre, l'huile d'olive et les graines de sésame. Saler et poivrer.

2. Couper chacune des nectarines en six quartiers et les tranches de prosciutto en deux sur la longueur.

3 À la base de chacune des bandes de prosciutto, déposer 1 feuille de basilic et 1 quartier de nectarine. Rouler le prosciutto sur le quartier de nectarine, puis napper d'huile parfumée.

—

Gourmandise canneberges-framboises

Préparation : 30 minutes — **Réfrigération :** 2 heures 30 minutes — **Quantité :** 12 verrines

Pour les verrines :

60 ml	(¼ de tasse) d'eau
1	sachet de gélatine sans saveur de 7 g
375 ml	(1 ½ tasse) de framboises
125 ml	(½ tasse) de jus de canneberge
30 ml	(2 c. à soupe) de sucre
375 ml	(1 ½ tasse) de crème à cuisson 15 %
30 ml	(2 c. à soupe) de miel

Pour le croustillant :

4	biscuits au gingembre écrasés
60 ml	(¼ de tasse) de pistaches hachées grossièrement
15 ml	(1 c. à soupe) de sucre
15 ml	(1 c. à soupe) de beurre fondu

—

1. Mélanger l'eau avec la gélatine. Laisser gonfler de 2 à 3 minutes.

2. Dans le contenant du mélangeur, émulsionner les framboises avec le jus de canneberge et le sucre, jusqu'à l'obtention d'une consistance lisse.

3. Dans une casserole, chauffer la préparation à feu moyen-élevé jusqu'aux premiers frémissements. Hors du feu, incorporer la moitié de la gélatine en fouettant. Filtrer la préparation à l'aide d'une passoire fine.

4. Répartir la préparation dans 12 verrines d'une capacité de 80 ml (⅓ de tasse). Préparer un ou deux contenants munis d'une paroi assez haute afin que les verrines puissent être maintenues en angle. D'une main, tenir une verrine légèrement inclinée et y verser la préparation. Déposer la verrine à l'oblique dans le contenant. Répéter pour le reste des verrines. Réfrigérer 30 minutes.

5. Chauffer la crème avec le miel jusqu'aux premiers frémissements. Incorporer le reste de la gélatine en fouettant. Laisser tiédir 20 minutes.

6. Répartir la préparation dans les verrines. Réfrigérer 2 heures avant de servir.

7. Mélanger les ingrédients du croustillant. Étaler la préparation sur une plaque de cuisson tapissée de papier parchemin et faire dorer au four de 2 à 3 minutes à la position « gril » (*broil*). Laisser tiédir.

8. Au moment de servir, parsemer chacune des verrines de croustillant.

—

Verrines choco-poires

Préparation : 20 minutes — **Cuisson :** 5 minutes — **Quantité :** 12 verrines

375 ml	(1 ½ tasse) de cidre de glace
20 ml	(4 c. à thé) de jus de citron
3	poires pelées et coupées en dés
225 g	de chocolat noir 70 % coupé en morceaux
90 ml	(6 c. à soupe) de beurre
560 ml	(2 ¼ tasses) de crème à fouetter 35 %
4	jaunes d'œufs
90 ml	(6 c. à soupe) de sucre

Pour les poires séchées :

125 ml	(½ tasse) de sucre
125 ml	(½ tasse) d'eau
3	poires tranchées finement

1. Préparer les poires séchées. Dans une casserole, porter à ébullition le sucre et l'eau. Laisser mijoter de 2 à 3 minutes à feu moyen. Laisser tiédir. Badigeonner les deux côtés des tranches de poires avec le sirop. Déposer sur une assiette tapissée de papier parchemin, sans les superposer. Faire dorer au micro-ondes de 3 à 4 minutes à haute intensité, en vérifiant la cuisson toutes les 30 secondes.

2. Dans une casserole, porter à ébullition le cidre de glace avec le jus de citron et les poires. Laisser mijoter à feu doux-moyen de 5 à 6 minutes. Laisser tiédir, puis répartir dans 12 verrines.

3. Dans un bain-marie, faire fondre le chocolat avec le beurre.

4. À l'aide du batteur électrique, fouetter la crème à vitesse élevée jusqu'à l'obtention de pics fermes.

5. Dans un bol, fouetter les jaunes d'œufs avec le sucre jusqu'à ce que le mélange blanchisse. Incorporer le chocolat fondu, puis ajouter la crème fouettée en pliant délicatement la préparation à l'aide d'une spatule.

6. Répartir la mousse dans les verrines. Réserver au frais.

7. Au moment de servir, garnir chacune des verrines d'une tranche de poire séchée.

—

Menu

Cocktail
- Cocktail doré

Bouchées et entrées
- Duo d'huîtres
- Pétoncles poêlés sur crumble d'amandes
- Crème de rutabaga au sirop d'érable

Plat principal
- Côtelettes d'agneau en croûte de parmesan
- Salade poires, grenade et bleu

Fromage
- Bûchettes de chèvre marinées

Desserts et café
- Crème brûlée à l'érable et boisson
  à la crème irlandaise
- Duo de truffes au rhum
- Café divin

Repas festif pour gourmands gourmets

Cocktail doré

Dans une casserole, porter à ébullition 60 ml (¼ de tasse) d'eau avec 60 ml
(¼ de tasse) de sucre granulé brut. Remuer jusqu'à ce que le sucre soit complètement
dissous. Ajouter 20 graines de cardamome broyées et laisser mijoter 5 minutes à feu
moyen. Retirer du feu et laisser tiédir 20 minutes. Filtrer à l'aide d'un tamis pour
retirer l'excès de cardamome. Incorporer 125 ml (½ tasse) de Poire Williams.
Trancher finement 2 poires. Répartir le sirop à la Poire Williams dans huit verres
(verser environ 5 ml (1 c. à thé) de sirop dans chaque verre). Remplir les verres
avec du champagne ou du mousseux (choisir un vin de type aromatique et rond).
Décorer avec les tranches de poire. Donne 8 portions.

Huîtres froides à l'asiatique

Préparation : 15 minutes — Quantité : 12 huîtres

12	huîtres

Pour la sauce asiatique :

30 ml	(2 c. à soupe) de sauce soya légère
15 ml	(1 c. à soupe) d'huile de sésame (non grillé)
10 ml	(2 c. à thé) de gingembre haché
5 ml	(1 c. à thé) de vinaigre de riz
5 ml	(1 c. à thé) de miel
5 ml	(1 c. à thé) d'ail haché
2,5 ml	(½ c. à thé) de piment thaï haché
1	oignon vert haché

—

1. Dans un bol, mélanger les ingrédients de la sauce asiatique.

2. Brosser les huîtres sous l'eau froide, puis les éponger. Ouvrir les huîtres et détacher la coquille supérieure. Déposer les huîtres dans un plateau couvert d'une couche de gros sel.

3. Napper les huîtres de sauce asiatique.

—

Huîtres gratinées à l'échalote et parmesan

Préparation : 15 minutes — Quantité : 12 huîtres

12	huîtres

Pour la garniture :

80 ml	(⅓ de tasse) de mayonnaise
45 ml	(3 c. à soupe) de parmesan râpé
15 ml	(1 c. à soupe) de paprika
15 ml	(1 c. à soupe) d'échalotes sèches hachées
	Sel et poivre au goût

—

1. Dans un bol, mélanger les ingrédients de la garniture.

2. Brosser les huîtres sous l'eau froide, puis les éponger. Ouvrir les huîtres et détacher la coquille supérieure. Déposer les huîtres sur une plaque de cuisson couverte d'une couche de gros sel.

3. Répartir la garniture sur les huîtres et faire gratiner au four à la position « gril » (*broil*) de 2 à 3 minutes. Servir immédiatement.

—

Pétoncles poêlés sur crumble d'amandes

Préparation : 25 minutes — **Cuisson :** 15 minutes — **Quantité :** 4 portions

30 ml	(2 c. à soupe) de beurre
60 ml	(¼ de tasse) d'échalotes sèches hachées
375 ml	(1 ½ tasse) de pois verts
125 ml	(½ tasse) de bouillon de poulet
	Sel et poivre au goût
15 ml	(1 c. à soupe) d'huile d'olive
12	gros pétoncles (calibre U20)
30 ml	(2 c. à soupe) de liqueur de whisky et de sirop d'érable (de type Sortilège ou Coureur des Bois)
60 ml	(¼ de tasse) de grains de grenade
1	contenant de pousses au choix de 100 g

Pour le crumble :

60 ml	(¼ de tasse) d'amandes hachées
60 ml	(¼ de tasse) de farine
30 ml	(2 c. à soupe) de beurre fondu
15 ml	(1 c. à soupe) de sucre d'érable
	Sel et poivre au goût

—

1. Préchauffer le four à 180 °C (350 °F).

2. Dans un bol, mélanger les ingrédients du crumble. Étaler sur une plaque de cuisson tapissée d'une feuille de papier parchemin. Cuire au four de 8 à 10 minutes, en remuant à mi-cuisson.

3. Dans une casserole, faire fondre le beurre à feu moyen. Cuire les échalottes de 1 à 2 minutes.

4. Ajouter les pois verts, le bouillon et l'assaisonnement. Cuire de 4 à 5 minutes. Déposer dans le contenant du mélangeur et émulsionner 1 minute. Filtrer à l'aide d'une passoire fine. Réserver au frais.

5. Dans une poêle, chauffer l'huile à feu moyen. Cuire les pétoncles de 1 à 2 minutes de chaque côté. Assaisonner et napper de liqueur de whisky.

6. Dans chacune des assiettes, étaler un trait de sauce verte sur le pourtour. Déposer au centre un lit de crumble aux amandes et garnir de pétoncles. Parsemer de grains de grenade et de pousses.

—

J'aime parce que... ♡

C'est simple, mais digne des grands restos !

Cette délicieuse recette à la présentation digne des grands restaurants est pourtant si simple à préparer ! Amusez-vous à présenter la recette comme un chef en étendant délicatement la purée aux pois verts. Technique de notre chef : avec une cuillère, déposer le quart de la purée à une extrémité de votre assiette en monticule. Avec le dos de la cuillère, écraser la purée et l'étirer jusqu'à l'autre extrémité de l'assiette. Simple et efficace !

Crème de rutabaga au sirop d'érable

Préparation : 15 minutes — **Cuisson :** 20 minutes — **Quantité :** 4 portions

30 ml	(2 c. à soupe) d'huile d'olive
1	blanc de poireau émincé
80 ml	(⅓ de tasse) d'échalotes sèches émincées
1	rutabaga coupé en dés
1 litre	(4 tasses) de bouillon de poulet
80 ml	(⅓ de tasse) de sirop d'érable
125 ml	(½ tasse) de crème à cuisson 15 %
	Sel et poivre au goût

—

1. Dans une casserole, chauffer l'huile à feu moyen. Faire revenir le poireau, les échalotes et le rutabaga 2 minutes.

2. Verser le bouillon et le sirop d'érable. Porter à ébullition. Couvrir et laisser mijoter de 20 à 25 minutes à feu moyen, jusqu'à ce que le rutabaga soit cuit.

3. Transférer la préparation dans le contenant du mélangeur. Mélanger jusqu'à l'obtention d'une préparation homogène.

4. Remettre dans une casserole et ajouter la crème. Réchauffer de 1 à 2 minutes. Saler et poivrer.

—

LE SAVIEZ-VOUS ?
—

Qu'est-ce que le rutabaga ?

Aussi appelé « chou-navet » ou « chou de Siam », le rutabaga est un légume-racine issu de la famille des crucifères. Né du croisement entre le chou frisé et le navet, il se distingue de ce dernier par sa chair jaune et ses feuilles lisses. Le rutabaga aiderait à prévenir certains types de cancers, dont celui du poumon. Peu calorique, cet aliment très goûteux se mange cru en salade ou s'apprête en purée, en sauté ou encore cuit au four.

Côtelettes d'agneau en croûte de parmesan

Préparation : 20 minutes — **Cuisson :** 10 minutes — **Quantité :** 4 portions

Pour la croûte de parmesan :

250 ml   (1 tasse) de chapelure nature

60 ml   (¼ de tasse) de persil haché

30 ml   (2 c. à soupe) de ciboulette hachée

10 ml   (2 c. à thé) d'ail haché

45 ml   (3 c. à soupe) de parmesan râpé

Pour les côtelettes :

15 ml   (1 c. à soupe) d'huile d'olive

8   côtelettes d'agneau

Sel et poivre au goût

60 ml   (¼ de tasse) de moutarde de Dijon

1. Préchauffer le four à 205 °C (400 °F).

2. Dans le contenant du robot culinaire, déposer la chapelure, le persil, la ciboulette, l'ail et le parmesan. Donner quelques impulsions jusqu'à ce que la préparation soit hachée finement.

3. Dans une poêle, chauffer l'huile à feu moyen. Saisir les côtelettes 2 minutes de chaque côté. Assaisonner. Retirer du feu et laisser tiédir.

4. Badigeonner les deux côtés des côtelettes de moutarde.

5. Verser la chapelure au parmesan dans une assiette creuse. Enrober chaque côtelette avec cette préparation. Déposer les côtelettes sur une plaque de cuisson tapissée d'une feuille de papier parchemin. Cuire au four de 8 à 10 minutes en retournant les côtelettes à mi-cuisson.

J'aime avec...

Linguines sauce rosée

Dans une casserole d'eau bouillante salée, cuire le contenu de 1 paquet de linguines de 350 g *al dente*. Égoutter. Dans une autre casserole, chauffer 30 ml (2 c. à soupe) d'huile d'olive à feu moyen. Saisir 1 oignon haché avec 10 ml (2 c. à thé) d'ail haché de 1 à 2 minutes. Ajouter 3 tomates coupées en dés et 250 ml (1 tasse) de mélange laitier pour cuisson 5 %. Saler et poivrer. Porter à ébullition. Ajouter les linguines et réchauffer de 1 à 2 minutes à feu moyen.

Salade poires, grenade et bleu

Préparation : 15 minutes — **Quantité :** de 4 à 6 portions

60 ml	(¼ de tasse) d'huile d'olive
15 ml	(1 c. à soupe) de jus de citron
125 ml	(½ tasse) de grains de grenade
30 ml	(2 c. à soupe) de sirop d'érable
30 ml	(2 c. à soupe) d'échalotes sèches hachées
2	poires
500 ml	(2 tasses) de mesclun
150 g	de fromage bleu émietté

—

1. Dans un saladier, mélanger l'huile d'olive avec le jus de citron, les grains de grenade, le sirop d'érable et les échalotes sèches.

2. Peler les poires, puis les trancher finement. Déposer dans le saladier.

3. Ajouter le mesclun et le fromage bleu. Remuer délicatement.

—

Bûchettes de chèvre marinées

Préparation : 5 minutes — **Macération :** 6 heures — **Quantité :** 4 portions

10 ml	(2 c. à thé) de persil haché
10 ml	(2 c. à thé) de ciboulette hachée
10 ml	(2 c. à thé) de sarriette hachée
5 ml	(1 c. à thé) de thym haché
5 ml	(1 c. à thé) d'ail haché
5 ml	(1 c. à thé) de poivres rose et noir mélangés
1	carotte émincée
60 ml	(¼ de tasse) d'huile d'olive
1	oignon vert émincé
2	bûchettes de chèvre
½	baguette de pain

1. Dans un plat creux, mélanger les fines herbes avec l'ail, les poivres, la carotte, l'huile d'olive et l'oignon vert.

2. Déposer les fromages dans le plat. Laisser macérer de 6 à 8 heures en arrosant plusieurs fois avec la marinade.

3. Au moment de servir, trancher finement la baguette de pain. Faire griller les tranches au four à la position « gril » (*broil*). Servir avec les fromages.

—

Crème brûlée à l'érable et boisson à la crème irlandaise

Préparation : 10 minutes — **Cuisson** : 30 minutes — **Réfrigération** : 3 heures — **Quantité** : 4 portions

4	jaunes d'œufs
80 ml	(⅓ de tasse) de sucre d'érable
375 ml	(1 ½ tasse) de crème à cuisson 15 %
45 ml	(3 c. à soupe) de sirop d'érable
30 ml	(2 c. à soupe) de boisson à la crème irlandaise (de type Bailey's)
45 ml	(3 c. à soupe) de sucre

—

1. Préchauffer le four à 150°C (300°F).

2. Dans un bol, fouetter les jaunes d'œufs avec le sucre d'érable, jusqu'à ce que le mélange blanchisse.

3. Dans une casserole, porter à ébullition la crème avec le sirop d'érable et la boisson à la crème irlandaise. Retirer du feu. Incorporer la préparation à la crème au mélange d'œufs en fouettant. Filtrer la préparation à l'aide d'une passoire fine puis écumer.

4. Répartir la préparation dans quatre ramequins d'une capacité de 160 ml (⅔ de tasse) chacun. Déposer les ramequins dans un plat creux allant au four. Verser de l'eau chaude jusqu'à mi-hauteur des ramequins. Cuire au four de 30 à 35 minutes, jusqu'à ce que le pourtour des crèmes soit pris, mais que leur centre soit encore gélatineux. Laisser tiédir puis réfrigérer de 3 à 24 heures.

5. Au moment de servir, saupoudrer les crèmes brûlées d'une fine couche de sucre et les faire caraméliser à l'aide d'un chalumeau de cuisine ou au four à la position « gril » (*broil*).

—

LE SAVIEZ-VOUS ?

—

Comment faire une belle croûte caramélisée

Pour obtenir une belle croûte caramélisée, on doit tenir le chalumeau à environ 2 cm (¾ de po) au-dessus des ramequins, en effectuant des mouvements de va-et-vient jusqu'à ce que le sucre change de couleur. Vous ne possédez pas de chalumeau ? Faites dorer le sucre à quelques pouces du gril du four préchauffé à la position « gril » (*broil*). La crème se réchauffera un peu, mais le croquant de la croûte compensera amplement !

Duo de truffes au rhum

Préparation : 45 minutes — **Réfrigération :** 2 heures — **Quantité :** 40 truffes

1	gousse de vanille ou de 2 à 3 gouttes de vanille
125 ml	(½ tasse) de crème à cuisson 35 %
125 ml	(½ tasse) de beurre
30 ml	(2 c. à soupe) de sucre
400 g	de chocolat noir 70 %
30 ml	(2 c. à soupe) de rhum

Pour les enrobages :

30 ml	(2 c. à soupe) de poudre de cacao
125 ml	(½ tasse) de noix de coco grillée

—

1. Fendre la gousse de vanille en deux sur la longueur. Gratter les graines au-dessus d'une casserole. Si désiré, congeler la gousse pour une utilisation future.

2. Dans la casserole, mélanger la crème avec le beurre et le sucre. Porter à ébullition, puis retirer du feu.

3. Ajouter le chocolat et remuer jusqu'à ce qu'il soit fondu. Incorporer le rhum et remuer jusqu'à l'obtention d'une consistance lisse et onctueuse.

4. Verser dans un bol et réfrigérer 1 heure, en remuant de temps à autre. La préparation doit devenir légèrement ferme.

5. Façonner 40 petites boules en utilisant environ 15 ml (1 c. à soupe) de préparation pour chacune d'elles. Rouler la moitié des boules dans le cacao. Secouer pour retirer l'excédent. Déposer sur une plaque de cuisson tapissée d'une feuille de papier parchemin. Enrober le reste des boules de noix de coco.

6. Réfrigérer de 1 à 2 heures.

—

Café divin

Préparation : 10 minutes — **Quantité :** 4 portions

250 ml	(1 tasse) de boisson à la crème irlandaise (de type Bailey's)
250 ml	(1 tasse) de café noir chaud
160 ml	(⅔ de tasse) de crème à fouetter 35 %
7,5 ml	(½ c. à soupe) de cacao

—

1. À l'aide du batteur électrique, fouetter la crème à vitesse moyenne jusqu'à l'obtention de pics mous.

2. Verser de l'eau bouillante dans les tasses afin de les réchauffer. Jeter l'eau.

3. Répartir la boisson à la crème irlandaise dans les tasses et verser le café jusqu'à 2,5 cm (1 po) du rebord.

4. Répartir délicatement la crème fouettée sur les cafés.

5. Saupoudrer de cacao.

—

Menu

Cocktail
- Mimosa à la clémentine

Plats salés
- Jambon pommes et érable
- Mini-frittatas asperges-tomates
- Œufs bénédictine aux asperges et bacon
- Röstis au jambon

Plats sucrés
- Étagé de pancakes fruités
- Granola au yogourt et petits fruits
- Muffins canneberges-orange
- Pain canneberges-bananes
- Pain doré sauce au lait de coco

Recevoir pour le brunch

Mimosa à la clémentine

Dans un bol, mélanger 500 ml (2 tasses) de jus de clémentines fraîchement pressées (environ 10 clémentines) avec 250 ml (1 tasse) de jus de raisin blanc, 60 ml (¼ de tasse) de gingembre confit haché, 1 clémentine coupée en rondelles et le jus de 1 lime. Verser dans 12 verres et allonger avec du vin mousseux.

Œufs bénédictine aux asperges et bacon

Préparation : 15 minutes — **Cuisson :** 7 minutes — **Quantité :** 4 portions

15 ml	(1 c. à soupe) de vinaigre blanc
4	œufs
8	tranches de bacon précuit
20	asperges
4	muffins anglais
4	tranches de fromage à raclette

—

1. Dans une casserole d'eau frémissante, verser le vinaigre. Pocher les œufs de 4 à 5 minutes. Assécher sur du papier absorbant.

2. Chauffer une poêle à feu moyen et réchauffer les tranches de bacon de 1 à 2 minutes.

3. Dans une casserole d'eau bouillante, blanchir les asperges de 3 à 4 minutes. Égoutter.

4. Trancher les muffins en deux et les faire dorer au grille-pain.

5. Garnir chaque muffin de fromage, d'asperges, de bacon et d'un œuf.

—

J'aime avec...

Sauce crémeuse au cari

Dans une casserole, faire fondre 30 ml (2 c. à soupe) de beurre à feu moyen. Saupoudrer de 15 ml (1 c. à soupe) de farine et cuire 1 minute en remuant. Ajouter le contenu de 1 boîte de lait évaporé de 370 ml et 10 ml (2 c. à thé) de cari. Porter à ébullition en fouettant.

Étagé de pancakes fruités

Préparation: 20 minutes — **Quantité:** 4 portions (12 pancakes)

15 ml	(1 c. à soupe) d'huile de canola
250 ml	(1 tasse) de crème à fouetter 35 %
60 ml	(¼ de tasse) de sucre d'érable ou 30 ml (2 c. à soupe) de sirop d'érable
15 ml	(1 c. à soupe) de zestes de citron
250 ml	(1 tasse) de framboises
3	pêches pelées et coupées en quartiers
	Sirop d'érable au goût

Pour la pâte à pancakes :

500 ml	(2 tasses) de farine
45 ml	(3 c. à soupe) de sucre
15 ml	(1 c. à soupe) de poudre à pâte
5 ml	(1 c. à thé) de bicarbonate de soude
500 ml	(2 tasses) de lait
1	œuf
30 ml	(2 c. à soupe) de beurre fondu
5 ml	(1 c. à thé) de vanille

1. Dans un bol, mélanger les ingrédients secs de la pâte à pancakes.

2. Dans un autre bol, fouetter le lait avec l'œuf, le beurre fondu et la vanille, puis incorporer graduellement aux ingrédients secs en fouettant.

3. Dans une poêle antiadhésive de 10 cm (4 po), chauffer l'huile à feu moyen. Verser environ 80 ml (⅓ de tasse) de pâte par pancake. Cuire 1 minute de chaque côté. Répéter avec le reste de la préparation. Laisser tiédir les pancakes cuits.

4. À l'aide du batteur électrique, fouetter la crème à vitesse élevée avec le sucre d'érable et les zestes jusqu'à l'obtention de pics fermes.

5. Garnir quatre pancakes avec la moitié de la crème fouettée et des fruits. Répéter pour former un deuxième étage. Couvrir avec les pancakes restants et napper de sirop d'érable.

—

LE SAVIEZ-VOUS ? — Quelle est la différence entre crêpes et pancakes ?

Les crêpes américaines, les pancakes, se distinguent de leurs cousines bretonnes par leur plus petit format et leur plus grande épaisseur. C'est la poudre à pâte ajoutée au mélange qui les fait gonfler de la sorte. Afin d'obtenir des pancakes légers, évitez de trop travailler la pâte lors de leur préparation.

Mini-frittatas asperges-tomates

Préparation : 15 minutes — **Cuisson** : 20 minutes — **Quantité** : 4 portions

8	œufs
250 ml	(1 tasse) de ricotta
30 ml	(2 c. à soupe) de basilic émincé
60 ml	(¼ de tasse) de parmesan
	Sel et poivre au goût
8	asperges coupées en morceaux
12	tomates raisins coupées en deux

1. Préchauffer le four à 180°C (350°F).

2. Dans un bol, fouetter les œufs avec la ricotta, le basilic et le parmesan. Saler et poivrer.

3. Beurrer huit alvéoles d'un moule à muffins, puis y répartir les asperges et les tomates.

4. Répartir la préparation aux œufs dans les alvéoles.

5. Cuire au four de 20 à 25 minutes.

—

J'aime avec... Salade d'épinards et oranges

Prélever les suprêmes de 3 oranges en pelant d'abord l'écorce à vif, puis en tranchant de chaque côté des membranes. Réserver les suprêmes. Au-dessus d'un saladier, presser les membranes afin d'en récupérer le jus. Incorporer 60 ml (¼ de tasse) d'huile d'olive et 30 ml (2 c. à soupe) de miel au jus. Saler et poivrer. Ajouter 500 ml (2 tasses) de bébés épinards, les suprêmes des oranges et 125 ml (½ tasse) de graines de tournesol. Remuer.

Röstis au jambon

Préparation : 15 minutes — **Cuisson :** 7 minutes — **Quantité :** 4 portions (8 galettes)

3 à 4	pommes de terre
1	œuf battu
250 ml	(1 tasse) de jambon haché
15 ml	(1 c. à soupe) de thym haché
60 ml	(¼ de tasse) de persil haché
	Sel et poivre au goût
30 ml	(2 c. à soupe) de beurre

—

1. Peler les pommes de terre, puis les tailler en julienne.

2. Dans un bol, mélanger la julienne de pommes de terre avec l'œuf battu, le jambon haché, le thym et le persil. Saler et poivrer.

3. Dans une poêle, faire fondre le beurre à feu moyen. Déposer la préparation aux pommes de terre dans la poêle de manière à former huit galettes. Cuire de 1 à 2 minutes.

4. Réduire l'intensité du feu à doux-moyen et poursuivre la cuisson de 3 à 4 minutes.

5. Retourner les galettes et cuire de 3 à 4 minutes.

—

J'aime avec...

Crème sure bacon-ciboulette

Dans un bol, mélanger 180 ml (¾ de tasse) de crème sure avec 60 ml (¼ de tasse) de miettes de bacon et 30 ml (2 c. à soupe) de ciboulette hachée. Saler et poivrer.

Jambon pommes et érable

Préparation : 20 minutes − **Cuisson :** 3 heures 30 minutes − **Quantité :** 8 portions

1	jambon picnic avec os de 2 kg (environ 4 ½ lb)
750 ml	(3 tasses) de moût de pomme ou de cidre
250 ml	(1 tasse) de sirop d'érable
2	oignons hachés
2	carottes émincées
6	gousses d'ail entières, pelées
1	feuille de laurier
	Poivre au goût
6	pommes coupées en quartiers

—

1. Préchauffer le four à 180 °C (350 °F).

2. Déposer le jambon dans une cocotte ou dans une rôtissoire.

3. Dans un bol, mélanger le cidre avec le sirop d'érable, puis verser sur le jambon.

4. Répartir les oignons, les carottes, l'ail et le laurier autour du jambon. Poivrer. Couvrir et cuire au four 2 heures 30 minutes.

5. Ajouter les pommes dans la cocotte. Poursuivre la cuisson au four à découvert 1 heure, en arrosant le jambon avec le jus de cuisson à quelques reprises, jusqu'à ce que la chair se détache aisément de l'os.

—

LE SAVIEZ-VOUS ?

—

La différence entre le moût de pomme et le cidre

Le moût de pomme résulte de l'extraction du jus par le pressurage des pommes. N'étant pas fermenté, il est exempt d'alcool. L'ajout de gaz carbonique lui donne son pétillant. Le cidre, quant à lui, est obtenu par la fermentation du moût de pomme, procédé qui convertit les sucres en alcool (de 1,5 % à 13 %). Offert au supermarché, le moût de pomme se marie bien avec le porc, le veau et la volaille. À défaut d'en avoir sous la main, vous pouvez utiliser du cidre (offert à la SAQ) ou du jus de pomme dans vos plats cuisinés.

Muffins canneberges-orange

Préparation : 15 minutes — **Cuisson :** 25 minutes — **Quantité :** 16 muffins

560 ml	(2 ¼ tasses) de farine
180 ml	(¾ de tasse) de sucre
15 ml	(1 c. à soupe) de poudre à pâte
2,5 ml	(½ c. à thé) de bicarbonate de soude
1	pincée de sel
2	œufs
250 ml	(1 tasse) de yogourt à la vanille 0 %
60 ml	(¼ de tasse) de jus d'orange
60 ml	(¼ de tasse) d'huile de canola
15 ml	(1 c. à soupe) de zestes de citron
375 ml	(1 ½ tasse) de canneberges fraîches

1. Préchauffer le four à 190 °C (375 °F).

2. Dans un bol, mélanger les ingrédients secs.

3. Dans un autre bol, fouetter les œufs avec le yogourt, le jus d'orange, l'huile et les zestes de citron. Incorporer aux ingrédients secs, puis ajouter les canneberges.

4. Beurrer les alvéoles d'un moule à muffins ou les garnir de moules en papier. Répartir la pâte dans les alvéoles.

5. Cuire au four 25 minutes, jusqu'à ce que la lame d'un petit couteau insérée au centre d'un muffin en ressorte propre.

6. Laisser tiédir sur une grille avant de démouler. Les muffins se conservent de 2 à 3 jours à température ambiante, dans un contenant hermétique.

—

Granola au yogourt et petits fruits

Préparation : 15 minutes — **Quantité :** 4 portions

12	fraises
125 ml	(½ tasse) de bleuets
125 ml	(½ tasse) de framboises
250 ml	(1 tasse) de céréales granola
250 ml	(1 tasse) de yogourt à la vanille
60 ml	(¼ de tasse) de sirop d'érable
—	

1. Réserver quelques fraises, quelques bleuets et quelques framboises pour décorer.

2. Couper en dés le reste des fruits. Déposer dans un bol et mélanger.

3. Déposer en couches successives les fruits, les céréales et le yogourt dans des coupes à dessert.

4. Napper de sirop d'érable et décorer de petits fruits. Réserver au frais jusqu'au moment de servir. Les coupes peuvent être préparées jusqu'à 1 heure à l'avance.

—

Pain canneberges-bananes

Préparation : 20 minutes — **Cuisson :** 50 minutes — **Quantité :** 1 pain (de 6 à 8 portions)

80 ml	(⅓ de tasse) de beurre ramolli
125 ml	(½ tasse) de cassonade
60 ml	(¼ de tasse) de babeurre (lait de beurre)
3	bananes mûres écrasées
2	gros œufs battus
375 ml	(1 ½ tasse) de farine
80 ml	(⅓ de tasse) de farine de blé entier
10 ml	(2 c. à thé) de poudre à pâte
2,5 ml	(½ c. à thé) de sel
1,25 ml	(¼ de c. à thé) de bicarbonate de soude
80 ml	(⅓ de tasse) de canneberges séchées
60 ml	(¼ de tasse) de poudre d'amandes

—

1. Préchauffer le four à 180 °C (350 °F).

2. Dans un bol, fouetter le beurre avec la cassonade jusqu'à l'obtention d'une préparation mousseuse.

3. Dans un autre bol, fouetter le babeurre avec les bananes, puis incorporer les œufs un à un.

4. Dans un troisième bol, mélanger les ingrédients secs avec les canneberges et la poudre d'amandes.

5. Dans le bol contenant le beurre et la cassonade, incorporer le mélange de babeurre et de bananes. Incorporer graduellement les ingrédients secs.

6. Beurrer un moule à pain de 20 cm x 10 cm (8 po x 4 po), puis y verser la pâte.

7. Cuire au four 50 minutes, jusqu'à ce que la lame d'un couteau insérée au centre du pain en ressorte propre.

8. Retirer du four et laisser tiédir 10 minutes sur une grille avant de démouler.

—

Pain doré sauce au lait de coco

Préparation : 20 minutes — **Cuisson :** 5 minutes — **Quantité :** 4 portions

3	œufs
180 ml	(¾ de tasse) de lait
60 ml	(¼ de tasse) de sirop d'érable
2,5 ml	(½ c. à thé) de cannelle
½	baguette de pain
30 ml	(2 c. à soupe) de beurre
1	boîte de lait de coco de 400 ml
60 ml	(¼ de tasse) de sucre
15 ml	(1 c. à soupe) de zestes de lime
12	fraises coupées en quatre
250 ml	(1 tasse) de bleuets
80 ml	(⅓ de tasse) de pacanes

—

1. Dans un bol, fouetter les œufs avec le lait, le sirop d'érable et la cannelle.

2. Couper la demi-baguette en 12 tranches épaisses.

3. Déposer les tranches de pain dans la préparation aux œufs et laisser imbiber de 5 à 6 minutes en remuant de temps en temps. Égoutter.

4. Dans une poêle, faire fondre le beurre à feu doux-moyen. Cuire les tranches de pain de 5 à 6 minutes en les retournant quelques fois en cours de cuisson.

5. Pendant ce temps, porter à ébullition à feu moyen le lait de coco avec le sucre et les zestes. Cuire de 3 à 4 minutes, jusqu'à l'obtention d'une consistance sirupeuse.

6. Garnir le pain doré de fruits et de pacanes. Napper de sauce au lait de coco.

—

Menu

Cocktail
- Cocktail effervescent

Bouchées et entrées
- Trio de canapés
- Ceviche aux crevettes
- Crème de brocoli et pommes

Plat principal
- Filets mignons de bœuf aux champignons, sauce porto
- Gratin dauphinois aux deux fromages
- Salade crémeuse colorée

Dessert
- Couronne vanille-chocolat

Soirée du jour de l'An

Cocktail effervescent

Dans 12 verres, répartir 250 ml (1 tasse) de cocktail aux canneberges blanches et 1 bouteille de vin mousseux ou de champagne de 750 ml. Si désiré, déposer 1 cube de sucre ou 1 sucre d'orge au fond de chacun des verres. Décorer d'une framboise.

Tapas de truite fumée et roquette

Préparation : 10 minutes
Quantité : 12 bouchées

60 ml	(¼ de tasse) de crème sure
15 ml	(1 c. à soupe) de ciboulette hachée
	Sel et poivre au goût
2	paquets de truite fumée de 140 g chacun
15 ml	(1 c. à soupe) d'huile de sésame (non grillé)
12	feuilles de roquette
12	croustilles de riz

—

1. Dans un bol, mélanger la crème sure avec la ciboulette. Assaisonner.

2. Tailler les tranches de truite fumée en petits dés.

3. Dans un bol, mélanger les dés de truite avec l'huile de sésame.

4. Répartir les feuilles de roquette sur les croustilles de riz. Garnir de crème sure à la ciboulette et de truite fumée.

—

Chèvre chaud et confit de carottes

Préparation : 10 minutes
Cuisson : 3 minutes
Quantité : 12 canapés

2	bûchettes de chèvre de 125 g chacune
6	tranches de pain aux noix
160 ml	(⅔ de tasse) de confit de carottes

—

1. Préchauffer le four à 180 °C (350 °F).

2. Couper chacun des fromages de chèvre en six tranches.

3. À l'aide d'un emporte-pièce de 5 cm (2 po), couper 12 rondelles dans les tranches de pain aux noix, puis les déposer sur une plaque de cuisson.

4. Garnir chacune des rondelles de pain d'une tranche de fromage et de confit de carottes. Faire griller au four de 3 à 4 minutes.

—

Bouchées de gouda et raisins

Préparation : 10 minutes
Quantité : 12 bouchées

300 g	de gouda nature ou fumé
30 ml	(2 c. à soupe) de miel
30 ml	(2 c. à soupe) d'assaisonnements à bruschetta
6	raisins verts ou rouges coupés en deux
12	feuilles de basilic

—

1. Couper le gouda en cubes de 2 cm (¾ de po).

2. Badigeonner les cubes de miel et parsemer d'assaisonnements à bruschetta.

3. Piquer un demi-raisin, une feuille de basilic et un cube de fromage sur des pics ou des mini-brochettes.

—

Ceviche aux crevettes

Préparation : 15 minutes — Marinage : 25 minutes — Quantité : 8 portions

32	crevettes moyennes (calibre 31/40), crues et décortiquées
375 ml	(1 ½ tasse) de jus de lime
	Sel au goût
½	oignon rouge
½	poivron jaune
½	poivron rouge
½	poivron orange
60 ml	(¼ de tasse) d'huile d'olive
1	piment jalapeño haché
60 ml	(¼ de tasse) de feuilles de coriandre

—

1. Couper les crevettes en deux sur l'épaisseur.

2. Dans un bol, mélanger le jus de lime avec les crevettes. Saler. Laisser mariner de 25 à 30 minutes au frais.

3. Couper l'oignon rouge et les poivrons en petits dés.

4. Dans un deuxième bol, mélanger les légumes avec l'huile, le piment jalapeño, 60 ml (¼ de tasse) de la marinade des crevettes et les feuilles de coriandre.

5. Égoutter les crevettes et jeter la marinade. Ajouter les crevettes dans le deuxième bol et remuer.

6. Répartir la préparation dans huit assiettes.

—

LE SAVIEZ-VOUS ?

—

Qu'est-ce qu'un ceviche ?

Servi couramment en Amérique latine, le ceviche est une spécialité péruvienne concoctée avec du poisson cru que l'on fait macérer dans du jus de citron. La chair « cuit » grâce à l'acidité procurée par la marinade à base d'agrumes. Plusieurs poissons à chair blanche (tilapia, mahi-mahi) et fruits de mer (crevettes, pétoncles) se prêtent bien à ce mode de préparation simplissime. Les versions équatorienne et mexicaine incluent de la coriandre et des tomates. Le ceviche est prêt à être dégusté quand la chair du poisson ou des fruits de mer devient ferme et opaque.

Crème de brocoli et pommes

Préparation : 15 minutes — **Cuisson :** 20 minutes — **Quantité :** 8 portions

60 ml	(¼ de tasse) de beurre
80 ml	(⅓ de tasse) d'échalotes sèches hachées
1,5 litre	(6 tasses) de bouillon de poulet
6	pommes McIntosh, Cortland ou Délicieuse jaune pelées et coupées en cubes
4	pommes de terre pelées et coupées en cubes
750 ml	(3 tasses) de brocoli coupé en bouquets
125 ml	(½ tasse) de crème à cuisson 15 %
	Sel et poivre au goût

1. Dans une casserole, faire fondre le beurre à feu doux. Saisir les échalotes de 2 à 3 minutes, jusqu'à ce qu'elles deviennent translucides.

2. Ajouter le bouillon, les pommes, les pommes de terre et le brocoli. Porter à ébullition. Couvrir et laisser mijoter à feu doux de 20 à 25 minutes, jusqu'à ce que les pommes de terre soient cuites.

3. À l'aide du mélangeur électrique, réduire la préparation en purée jusqu'à l'obtention d'une consistance homogène.

4. Remettre la préparation dans la casserole et incorporer la crème. Saler et poivrer. Chauffer jusqu'aux premiers frémissements.

LE SAVIEZ-VOUS ?

Comment utiliser tout le brocoli

Vous avez l'habitude de manger les fleurons du brocoli et de jeter le reste ? Sachez que les pieds de brocoli sont excellents dans les potages. Vous n'avez qu'à les peler, à les trancher et hop, dans la soupe ! Si vous manquez de temps pour confectionner votre potage, faites blanchir les pieds de brocoli pelés et coupés en cubes que vous pourrez congeler jusqu'à une utilisation future.

Filets mignons de bœuf aux champignons, sauce porto

Préparation : 15 minutes — **Cuisson :** 8 minutes — **Quantité :** 8 portions

15 ml	(1 c. à soupe) d'huile de canola
8	filets mignons de bœuf de 2,5 cm (1 po) d'épaisseur
16	champignons émincés
5 ml	(1 c. à thé) de fleur d'ail dans l'huile
30 ml	(2 c. à soupe) de beurre
60 ml	(¼ de tasse) d'échalotes sèches hachées
250 ml	(1 tasse) de porto
430 ml	(1 ¾ tasse) de sauce demi-glace

—

1. Préchauffer le four à 180 °C (350 °F).

2. Dans une poêle, chauffer l'huile à feu moyen. Cuire les filets de 3 à 4 minutes de chaque côté. Déposer sur une plaque de cuisson et couvrir d'une feuille de papier d'aluminium.

3. Dans la même poêle, faire revenir les champignons de 2 à 3 minutes. Ajouter la fleur d'ail.

4. Dans une casserole, faire fondre le beurre à feu moyen. Saisir les échalotes de 1 à 2 minutes. Ajouter le porto et la sauce demi-glace. Laisser mijoter la préparation jusqu'à ce qu'elle ait réduit du tiers. À l'aide d'une passoire fine, filtrer la sauce.

5. Compléter la cuisson des filets de bœuf en les plaçant au four de 2 à 3 minutes.

6. Répartir les filets de bœuf dans les assiettes. Garnir chacun des filets de champignons et napper de sauce.

—

J'aime avec...

Haricots, asperges et poivron

Dans une casserole d'eau bouillante salée, blanchir 300 g de haricots verts, 300 g de haricots jaunes et 500 g d'asperges de 3 à 4 minutes. Égoutter. À l'aide d'un emporte-pièce en forme de petite étoile, tailler des étoiles dans un poivron rouge. Dans une poêle, faire fondre 30 ml (2 c. à soupe) de beurre à feu moyen. Saisir 45 ml (3 c. à soupe) d'échalotes sèches hachées de 1 à 2 minutes. Ajouter les légumes. Saler et poivrer. Cuire de 1 à 2 minutes.

Gratin dauphinois aux deux fromages

Préparation : 15 minutes — **Cuisson :** 50 minutes — **Quantité :** de 8 à 10 portions

500 ml	(2 tasses) de crème à cuisson 15 %
125 ml	(½ tasse) de lait
15 ml	(1 c. à soupe) d'ail haché
200 g	de fromage Oka, la croûte enlevée et coupé en dés
200 g	de brie, la croûte enlevée et coupé en dés
30 ml	(2 c. à soupe) de persil haché
10 ml	(2 c. à thé) de thym haché
	Sel et poivre au goût
10 à 12	pommes de terre pour cuisson au four (Russet, Idaho, Yukon Gold...) pelées

1. Préchauffer le four à 180 °C (350 °F).

2. Dans une casserole, porter à ébullition à feu moyen la crème avec le lait et l'ail. Ajouter les fromages, les fines herbes et l'assaisonnement. Remuer jusqu'à ce que le fromage soit fondu.

3. Trancher très finement les pommes de terre et les déposer dans un bol. Ajouter la crème et remuer délicatement pour enrober les tranches sans les briser.

4. Beurrer un plat de cuisson de 33 cm x 23 cm (13 po x 9 po). Transférer les tranches de pommes de terre et la crème dans le plat. Cuire au four de 50 à 60 minutes.

Salade crémeuse colorée

Préparation : 15 minutes — **Quantité :** 8 portions

375 ml	(1 ½ tasse) de yogourt nature 0 %
125 ml	(½ tasse) d'aneth haché
	Sel et poivre au goût
1,5 litre	(6 tasses) de mâche
2	concombres anglais coupés en dés
12	radis émincés
160 ml	(⅔ de tasse) de noix de Grenoble coupées en morceaux
2	contenants de pousses de pois mange-tout de 100 g chacun

—

1. Dans un bol, mélanger le yogourt avec l'aneth. Saler et poivrer.

2. Répartir la mâche dans les assiettes. Garnir de dés de concombre et de tranches de radis. Parsemer de noix de Grenoble et de pousses de pois mange-tout.

3. Napper de sauce au yogourt.

—

Couronne vanille-chocolat

Préparation : 25 minutes — **Cuisson :** 45 minutes — **Quantité :** de 8 à 10 portions

Pour le gâteau :

580 ml	(2 ⅓ tasses) de farine
15 ml	(1 c. à soupe) de poudre à pâte
2	pincées de sel
310 ml	(1 ¼ tasse) de beurre ramolli
310 ml	(1 ¼ tasse) de sucre
6	œufs
30 ml	(2 c. à soupe) de zestes d'orange
30 ml	(2 c. à soupe) de zestes de citron
150 g	de chocolat noir à l'orange

Pour le glaçage :

375 ml	(1 ½ tasse) de sucre à glacer
60 ml	(¼ de tasse) de jus de citron

Pour décorer :

500 ml	(2 tasses) de framboises

1. Préchauffer le four à 160 °C (320 °F).

2. Dans un bol, mélanger la farine avec la poudre à pâte et le sel.

3. À l'aide du batteur électrique, fouetter le beurre avec le sucre jusqu'à l'obtention d'une préparation crémeuse. Incorporer les œufs un à un. Incorporer graduellement le mélange de farine et les zestes.

4. Beurrer et fariner un moule à gâteau à cheminée. Verser la moitié de la pâte dans le moule. Répartir les carrés de chocolat dans le moule, puis couvrir du reste de la pâte. Égaliser la surface à l'aide d'une spatule.

5. Cuire au four de 45 à 55 minutes. Retirer du four et laisser tiédir sur une grille avant de démouler.

6. Préparer le glaçage en fouettant le sucre à glacer avec le jus de citron dans un bol.

7. Napper le gâteau refroidi de glaçage, puis décorer avec les framboises.

J'aime parce que... Ça se prépare à l'avance !

On peut préparer et cuire le gâteau un jour avant le repas. Lorsque le gâteau est refroidi, on le couvre d'une pellicule plastique et on le conserve dans un endroit sec. Au moment du repas, il ne reste plus qu'à préparer le glaçage, puis à glacer et à décorer le gâteau.

Menu

Cocktail
- Cocktail de pomme glacée

Bouchées sucrées
- Biscuits de Noël
- Biscuits meringués au chocolat
- Cake pops au chocolat
- Carrés aux Rice Krispies à la barre Mars
- Croustillants chocorachides
- Duo de truffes alcoolisées
- Biscottis amandes-canneberges
- Sucre à la crème au beurre d'arachide
- Turtles maison

Bouchées sucrées à partager

Cocktail de pomme glacée

Casser en morceaux des cannes de Noël ou des bonbons à la menthe, puis déposer dans une assiette creuse. Frotter 1 quartier de citron sur le pourtour d'un verre à martini. Tourner le pourtour du verre dans les bonbons pour le givrer. Dans un *shaker* rempli de glaçons, verser 45 ml (3 c. à soupe) de vodka et 75 ml (5 c. à soupe) de cidre de glace. Agiter vivement pendant 8 à 10 secondes. Filtrer le contenu du *shaker* à travers une passoire à glaçons et verser dans un verre à martini. Donne 1 portion.

Truffes au chocolat noir et Kahlúa

Préparation : 25 minutes — Réfrigération : 4 heures — Quantité : 40 truffes

250 ml	(1 tasse) de crème à cuisson 35 %		
250 g	de chocolat noir 70 % coupé en morceaux		
80 ml	(⅓ de tasse) de beurre ramolli		
45 ml	(3 c. à soupe) de liqueur au café (de type Kahlúa)		

Pour l'enrobage :

80 ml	(⅓ de tasse) de cacao
300 g	de chocolat au lait coupé en morceaux
375 ml	(1 ½ tasse) de noix de Grenoble hachées

—

1. Dans une casserole, chauffer la crème à feu moyen. Ajouter le chocolat noir et remuer jusqu'à ce qu'il soit fondu. Incorporer le beurre et la liqueur au café jusqu'à l'obtention d'une préparation lisse.

2. Laisser tiédir, puis réfrigérer de 4 à 5 heures.

3. Façonner les truffes en utilisant environ 10 ml (2 c. à thé) de préparation pour chacune d'elles. Enrober la moitié des truffes de cacao et réfrigérer.

4. Pour enrober l'autre moitié des truffes, faire fondre le chocolat au lait dans un bain-marie. Déposer une truffe sur une fourchette et la tremper dans le chocolat. Enrober de noix. Répéter avec les autres truffes. Réfrigérer.

—

Truffes au chocolat blanc, orange et Grand Marnier

Préparation : 25 minutes — Réfrigération : 4 heures — Quantité : 26 truffes

60 ml	(¼ de tasse) de crème à cuisson 35 %
300 g	de chocolat blanc coupé en morceaux
80 ml	(⅓ de tasse) de beurre ramolli
30 ml	(2 c. à soupe) de liqueur aux agrumes (de type Grand Marnier)
15 ml	(1 c. à soupe) de zestes d'orange

Pour l'enrobage :

250 ml	(1 tasse) de chocolat blanc râpé
170 g	de chocolat blanc coupé en morceaux
	Quelques perles de sucre blanc au goût

—

1. Dans une casserole, chauffer la crème à feu moyen. Ajouter le chocolat blanc et remuer jusqu'à ce qu'il soit fondu. Ajouter le beurre, la liqueur aux agrumes et les zestes, puis mélanger jusqu'à l'obtention d'une préparation lisse.

2. Laisser tiédir, puis réfrigérer de 4 à 5 heures.

3. Façonner les truffes en utilisant environ 10 ml (2 c. à thé) de préparation pour chacune d'elles. Enrober la moitié des truffes dans le chocolat blanc râpé et réfrigérer.

4. Pour enrober les autres truffes, faire fondre le chocolat blanc dans un bain-marie. Déposer une truffe sur une fourchette et tremper dans le chocolat. Déposer sur une grille. Répéter avec les autres truffes. Décorer de quelques perles de sucre. Réfrigérer.

—

Sucre à la crème au beurre d'arachide

Préparation : 15 minutes — **Réfrigération :** 30 minutes — **Quantité :** 36 carrés de 2,5 cm (1 po)

750 ml	(3 tasses) de cassonade
180 ml	(¾ de tasse) de lait évaporé (de type Carnation)
60 ml	(¼ de tasse) de beurre
500 ml	(2 tasses) de sucre à glacer
5 ml	(1 c. à thé) de vanille ou autre essence au choix
250 ml	(1 tasse) de beurre d'arachide

1. Dans une casserole, mélanger la cassonade avec le lait évaporé et le beurre. Faire bouillir 3 minutes.

2. Incorporer le sucre à glacer, la vanille et le beurre d'arachide.

3. Beurrer un plat de 20 cm (8 po) et y verser la préparation.

4. Réfrigérer 30 minutes.

5. Tailler en 36 carrés.

La recette originale au micro-ondes

Dans un bol, mélanger 250 ml (1 tasse) de sucre avec 250 ml (1 tasse) de cassonade (pas trop tassée) et 250 ml (1 tasse) de crème à fouetter 35 %. Cuire au micro-ondes 9 minutes à puissance maximale, en remuant toutes les 3 minutes avec une cuillère de bois. Laisser reposer 5 minutes, puis ajouter quelques gouttes de vanille et 80 ml (⅓ de tasse) de noix ou d'arachides concassées. À l'aide du batteur électrique, mélanger 4 minutes, jusqu'à ce que la préparation épaississe. Beurrer un moule de 18 cm x 12 cm (7 po x 4 ¾ po), puis y verser la préparation. Laisser tiédir et couper en 18 morceaux.

Recette de Johanne Bourgoin

Cake pops au chocolat

Préparation : 30 minutes — **Congélation :** 15 minutes — **Réfrigération :** 2 heures — **Quantité :** 24 cake pops

1	gâteau au chocolat de 390 g
1	paquet de fromage à la crème de 250 g, ramolli
250 ml	(1 tasse) de chapelure de biscuits au chocolat (de type Oreo)
250 g	de chocolat noir 70 %
125 ml	(½ tasse) de pistaches hachées finement
250 g	de chocolat blanc
80 ml	(⅓ de tasse) de perles de sucre

—

1. Dans un bol, émietter le gâteau au chocolat en le défaisant avec les doigts. Mélanger avec le fromage à la crème et la chapelure de biscuits jusqu'à l'obtention d'une pâte.

2. Façonner 24 petites boules en utilisant environ 30 ml (2 c. à soupe) de préparation pour chacune d'elles. Déposer les boules sur une plaque de cuisson tapissée d'une feuille de papier parchemin. Congeler 15 minutes.

3. Pendant ce temps, faire fondre environ 60 g de chocolat noir dans un bain-marie ou au micro-ondes à puissance moyenne.

4. Sortir les boules de pâte du congélateur. Tremper l'extrémité d'un bâton à sucette dans le chocolat fondu, puis l'insérer dans une boule de pâte. Répéter avec le reste des boules de pâte.

5. Remettre les boules de pâte sur la plaque. Réfrigérer 2 heures.

6. Au moment de décorer les cake pops, faire fondre le reste du chocolat noir dans un bain-marie ou au micro-ondes.

7. Verser les pistaches hachées dans un bol. Tremper 12 cake pops dans le chocolat fondu en prenant soin de bien les enrober, puis déposer la base des cake pops dans les pistaches. Réfrigérer.

8. Décorer le reste des cake pops en procédant de la même manière avec le chocolat blanc et les perles de sucre. Réserver au frais.

—

LE SAVIEZ-VOUS ?

—

Comment éviter que les cake pops se détachent de leur bâton

Pour que les cake pops tiennent bien sur leur bâton, trempez ce dernier dans le chocolat fondu avant de l'insérer dans la boule de pâte. Ainsi, le chocolat assurera une meilleure adhérence en empêchant le bâtonnet de se détacher de la pâte au moment de croquer dans le cake pop.

Turtles maison

Préparation : 30 minutes — **Quantité :** 12 turtles

150 g	de chocolat noir 70 %
36	pacanes entières
10 ml	(2 c. à thé) de fleur de sel

Pour le caramel :

330 ml	(1 ⅓ tasse) de cassonade
60 ml	(¼ de tasse) de lait concentré sucré
45 ml	(3 c. à soupe) de crème à cuisson 35 %
30 ml	(2 c. à soupe) de sirop de maïs
15 ml	(1 c. à soupe) de beurre salé

—

1. Dans une casserole, mélanger les ingrédients du caramel. Porter à ébullition à feu moyen et laisser mijoter de 4 à 5 minutes, sans remuer, jusqu'à ce que la température du caramel atteigne 116 °C (240 °F) sur un thermomètre à bonbon. Retirer du feu.

2. Faire fondre le chocolat dans un bain-marie.

3. Sur une plaque de cuisson tapissée d'une feuille de papier parchemin, former 12 petits cercles de chocolat en utilisant environ 15 ml (1 c. à soupe) de chocolat fondu par portion. Réserver le reste du chocolat fondu.

4. Sur chaque cercle de chocolat, déposer 3 pacanes, sans les superposer. Presser légèrement sur les pacanes afin qu'elles adhèrent au chocolat. Laisser figer 3 minutes.

5. Répartir le caramel sur les pacanes. Laisser figer 3 minutes.

6. Garnir avec le reste du chocolat fondu. Pour former des lignes, tremper une fourchette dans le chocolat fondu et effectuer des mouvements de va-et-vient au-dessus des bouchées. Parsemer de fleur de sel et réserver au frais.

7. Sortir les turtles du réfrigérateur de 15 à 20 minutes avant de servir.

—

J'aime parce que...

Ça se prépare à l'avance !

L'avantage de ces « turtles » maison : en plus de renfermer des ingrédients simples, ils peuvent être préparés quelques semaines à l'avance et être congelés. Ils font également de belles bouchées à offrir en cadeau !

Biscottis amandes-canneberges

Préparation : 25 minutes — **Cuisson :** 30 minutes — **Quantité :** 24 biscottis

500 ml	(2 tasses) de farine tout usage
10 ml	(2 c. à thé) de poudre à pâte
1	pincée de sel
180 ml	(¾ de tasse) de sucre
30 ml	(2 c. à soupe) de miel
2	œufs
2 à 3	gouttes de vanille
60 ml	(¼ de tasse) d'amandes concassées
60 ml	(¼ de tasse) de canneberges séchées
60 ml	(¼ de tasse) de pépites de chocolat au lait
4	carrés de chocolat mi-sucré de 28 g chacun, coupés en morceaux

1. Préchauffer le four à 180 °C (350 °F).

2. Dans un bol, mélanger la farine avec la poudre à pâte et le sel.

3. À l'aide du batteur électrique, fouetter le sucre avec le miel, les œufs et la vanille jusqu'à ce que le mélange soit onctueux.

4. Incorporer graduellement les ingrédients secs en fouettant bien après chaque addition.

5. Ajouter les amandes, les canneberges et les pépites de chocolat. Remuer jusqu'à l'obtention d'une pâte consistante.

6. Diviser la pâte en deux. Sur une surface farinée, façonner deux rouleaux de 5 cm (2 po) de diamètre. Déposer les deux rouleaux sur une plaque antiadhésive, en les espaçant. Cuire au four de 20 à 25 minutes. Retirer du four et laisser tiédir.

7. Couper chaque rouleau en biseau et en 12 tranches de 1 cm (½ po) d'épaisseur. Cuire au four de 10 à 15 minutes, jusqu'à ce que les biscottis soient bien dorés. Laisser tiédir sur une grille.

8. Faire fondre les carrés de chocolat au micro-ondes. Tremper l'extrémité des biscottis dans le chocolat. Laisser figer. Conserver dans un contenant hermétique à température ambiante.

—

Avec d'autres garnitures

Vous ne raffolez pas des canneberges ? Remplacez-les par des abricots séchés, des raisins secs, des figues séchées ou d'autres fruits au choix. Vous pourriez également varier les noix ou les pépites de chocolat pour réinventer ces biscottis à votre guise !

Carrés aux Rice Krispies à la barre Mars

Préparation: 20 minutes — **Réfrigération:** 2 heures — **Quantité:** 16 carrés

4	barres Mars de 52 g chacune, coupées en morceaux
80 ml	(⅓ de tasse) de beurre
500 ml	(2 tasses) de céréales de riz soufflé (de type Rice Krispies)
250 ml	(1 tasse) de mini-guimauves

Pour la garniture (facultatif):

60 g	de chocolat noir 70%
60 g	de chocolat blanc
—	

1. Tapisser un moule carré de 20 cm (8 po) avec une feuille de papier parchemin.

2. Dans une casserole, faire fondre les barres Mars avec le beurre à feu moyen en remuant.

3. Ajouter les céréales de riz soufflé et les mini-guimauves. Remuer jusqu'à ce que les guimauves soient fondues.

4. Transvider la préparation dans le moule et égaliser. Laisser tiédir, puis réfrigérer de 2 à 3 heures.

5. Si désiré, faire fondre séparément le chocolat noir et le chocolat blanc au micro-ondes de 1 à 2 minutes à puissance moyenne-élevée. Tremper une fourchette dans le chocolat noir et la secouer au-dessus des carrés. Répéter avec le chocolat blanc. Laisser figer au frais 10 minutes.

6. Couper en 16 carrés.

—

Croustillants chocorachides

Préparation : 25 minutes – **Quantité :** 24 croustillants

227 g	de pépites de chocolat noir 70 %
125 ml	(½ tasse) de beurre d'arachide
250 ml	(1 tasse) de sucre à glacer
1 litre	(4 tasses) de céréales de flocons de maïs grillés (de type Corn Flakes)

—

1. Au micro-ondes ou dans un bain-marie, faire fondre le chocolat avec le beurre d'arachide jusqu'à l'obtention d'une consistance onctueuse.

2. Incorporer le sucre à glacer.

3. Ajouter les céréales et mélanger doucement pour ne pas trop les écraser.

4. À l'aide d'une cuillère, former 24 croustillants en utilisant environ 30 ml (2 c. à soupe) de préparation pour chacun d'eux. Déposer sur une feuille de papier ciré et laisser tiédir. Conserver au réfrigérateur.

—

Biscuits meringués au chocolat

Préparation: 20 minutes — **Cuisson:** 12 minutes par plaque — **Quantité:** 26 biscuits

500 ml	(2 tasses) de sucre
80 ml	(⅓ de tasse) de cacao
1,25 ml	(¼ de c. à thé) de sel
375 ml	(1 ½ tasse) d'amandes hachées et grillées
2	blancs d'œufs

Pour garnir:

26	grosses pastilles de chocolat ou amandes entières

—

1. Préchauffer le four à 160°C (320°F).

2. Dans un bol, mélanger le sucre avec le cacao et le sel. Ajouter les amandes et les blancs d'œufs. Remuer avec une cuillère de bois jusqu'à homogénéité.

3. Tapisser une plaque de cuisson d'une feuille de papier parchemin. Sur la plaque, déposer 15 ml (1 c. à soupe) de préparation pour chacun des biscuits en les espaçant de 5 cm (2 po). Garnir chaque biscuit d'une pastille de chocolat ou d'une amande. Cuire au four de 12 à 15 minutes.

4. Préparer le reste des biscuits en procédant de la même manière.

—

Biscuits de Noël

Préparation : 20 minutes — **Temps de repos :** 30 minutes
Cuisson : 6 minutes par plaque — **Quantité :** 40 biscuits

375 ml	(1 ½ tasse) de farine
30 ml	(2 c. à soupe) de cacao
2,5 ml	(½ c. à thé) de poudre à pâte
1	pincée de sel
2,5 ml	(½ c. à thé) de cannelle
125 ml	(½ tasse) de beurre ramolli
80 ml	(⅓ de tasse) de sucre
1	œuf

Pour le glaçage :

½	blanc d'œuf
125 ml	(½ tasse) de sucre à glacer

—

1. Dans un bol, mélanger la farine avec le cacao, la poudre à pâte, le sel et la cannelle. Incorporer le beurre, le sucre et l'œuf. Laisser reposer 30 minutes à température ambiante.

2. Au moment de la cuisson, préchauffer le four à 180 °C (350 °F).

3. Sur une feuille de papier parchemin, abaisser la pâte jusqu'à une épaisseur de 0,5 à 1 cm (¼ de po à ½ po). Tailler des formes à l'aide d'emporte-pièces. Déposer sur une plaque de cuisson tapissée d'une feuille de papier parchemin.

4. Cuire au four de 6 à 8 minutes. Retirer du four et laisser tiédir.

5. Préparer le glaçage en mélangeant le blanc d'œuf avec le sucre à glacer.

6. Décorer les biscuits à l'aide d'une poche à douille.

—

Recette de Charlotte Geroudet, nutritionniste

Index des recettes

Boissons

Café divin.................................115
Cocktail de pomme glacée............147
Cocktail doré..........................101
Cocktail effervescent.................133
Cosmopolitan............................31
Kir classique...........................79
Mimosa à la clémentine................117
Punch à la grenade......................45
Sangria blanche au romarin.............65
Vin chaud épicé.........................15

Entrées

BOUCHÉES ET CANAPÉS

Antipasti au saucisson calabrese....48
Bouchées de gouda et raisins........134
Bouchées de porc, trempette
au basilic..............................52
Boulettes croquantes
aux crevettes...........................80
Bruschettas réinventées.................95
Canapés au chorizo, bocconcini
et roquette.............................66
Champignons farcis......................16
Chèvre chaud et confit
de carottes............................134
Concombres farcis
au saumon fumé..........................88
Coupelles de prosciutto et figues...90
Crab cakes sauce tartare allégée....94
Crevettes croustillantes................91
Crostinis aux tomates et olives........46
Duo de mini-brochettes antipasto...32
Endives farcies au saumon fumé...88
Huîtres froides à l'asiatique.........102
Huîtres gratinées à l'échalote
et parmesan............................102
Mini-galettes de pommes de terre
et prosciutto...........................46
Pétoncles au canard séché
et érable...............................80
Pizzas apéritives à l'italienne........46
Poivrons au chèvre......................16
Prosciutto fumé et nectarines.........97
Tapas de truite fumée et roquette...134
Tartelettes aux tomates et câpres..93
Tomates niçoises........................16
Triangles de wonton aux crevettes..86

ENTRÉES, SOUPES ET POTAGES

Ceviche aux crevettes.................136
Crème de brocoli et pommes........138
Crème de rutabaga
au sirop d'érable......................106
Étagé de saumon fumé
et de blinis............................34

Pétoncles poêlés
sur crumble d'amandes.................104
Potage de carottes, panais
et chips de prosciuttini...............70
Potage parmentier,
garniture grenade et chèvre............36
Soupe à la dinde et au riz.............20

VERRINES

Effiloché de canard et confit
de carottes au gingembre...............68
Mousse de poireaux aux asperges..82
Salade de pommes de terre
et bacon en verrines...................92
Verrines de bocconcinis
à l'italienne...........................96
Verrines de saumon fumé
aux perles à l'érable..................84

Plats principaux

Bœuf aux légumes d'antan..............58
Cipaille du Bas-du-Fleuve.............56
Côtelettes d'agneau
en croûte de parmesan.................108
Dinde farcie............................22
Filets mignons de bœuf
aux champignons, sauce porto.....140
Mini-pâtés à la viande.................26
Pain sandwich aux trois garnitures..60
Poitrines de dinde farcies
aux noix et Oka.........................72
Roue suisse au jambon..................54
Saumon et salsa chaude d'avocat..38

Accompagnements

LÉGUMES

Aspic aux canneberges et oranges...24
Betteraves marinées.....................74
Carottes et haricots bardés............24
Gratin dauphinois
aux deux fromages.....................142
Haricots, asperges et poivron.......140
Pommes de terre
en purée persillée.....................24
Pommes de terre parisiennes
au canard fumé.........................72
Purée de pommes de terre
aux poireaux............................38

PAIN ET PÂTES

Croûtons à l'italienne..................82
Linguines sauce rosée.................108

SALADES

Salade crémeuse colorée..............143
Salade d'amour.........................51
Salade d'épinards aux kiwis............40
Salade de macaronis crémeuse......50

Salade d'épinards et oranges.........122
Salade de saumon fumé.................18
Salade poires, grenade et bleu......110
Salade pommes-noisettes...............75

SAUCES ET FARCES

Crème sure bacon-ciboulette........124
Farce au porc et fines herbes........22
Ketchup aux fruits et poivron.........27
Sauce au vin blanc......................22
Sauce crémeuse au cari................118

Fromages

Bûchettes de chèvre marinées.......111
Fromage bleu mariné au porto........41

Déjeuners et brunchs

Étagé de pancakes fruités............120
Granola au yogourt
et petits fruits.......................129
Jambon pommes et érable............126
Mini-frittatas asperges-tomates...122
Muffins canneberges-orange........128
Œufs bénédictine aux asperges
et bacon...............................118
Pain canneberges-bananes..........130
Pain doré sauce au lait de coco.....131
Röstis au jambon......................124

Desserts

Barres nanaïmo.........................62
Beignes comme dans le temps........63
Biscottis amandes-canneberges...156
Biscuits de Noël......................161
Biscuits meringués au chocolat.....160
Bûche de Noël choco-érable.........28
Cake pops au chocolat................152
Carrés aux Rice Krispies
à la barre Mars........................158
Couronne vanille-chocolat...........144
Crème brûlée à l'érable
et boisson à la crème irlandaise......112
Croustillants chocorachides.........159
Décorations en caramel...............42
Duo de truffes au rhum...............114
Gâteau étagé au fromage
et deux chocolats......................76
Gâteau roulé en verrines..............42
Gourmandise canneberges-
framboises.............................98
Sucre à la crème
au beurre d'arachide..................150
Truffes au chocolat blanc,
orange et Grand Marnier.............148
Truffes au chocolat noir et Kahlúa..148
Turtles maison........................154
Verrines choco-poires.................99